献给我的老师、南京大学历史系教授

陈得芝先生！

沈卫荣 著

Shen Weirong

大元史与新清史

以元代和清代西藏和藏传佛教研究为中心

"The Great Yuan History" and
"The New Qing History":

*Studies on Tibet and Tibetan Buddhism
during the Yuan and Qing Dynasties*

图书在版编目(CIP)数据

大元史与新清史 / 沈卫荣著. —上海:上海古籍
出版社,2019.5(2024.9重印)
ISBN 978-7-5325-9144-2

Ⅰ.①大… Ⅱ.①沈… Ⅲ.①中国历史—研究—元代
②中国历史—研究—清代 Ⅳ.①K247.07 ②K249.07

中国版本图书馆CIP数据核字(2019)第044153号

大元史与新清史
——以元代和清代西藏和藏传佛教研究为中心

沈卫荣 著

上海古籍出版社出版发行

(上海瑞金二路272号 邮政编码200020)

(1)网址:www.guji.com.cn
(2)E-mail:guji1@guji.com.cn
(3)易文网网址:www.ewen.co

上海展强印刷有限公司印刷

开本787×1092 1/32 印张9.75 插页10 字数180,000
2019年5月第1版 2024年9月第4次印刷
ISBN 978-7-5325-9144-2

K·2612 定价:58.00元
如有质量问题,请与承印公司联系
电话:021-66366565

沈卫荣 1962年生，江苏无锡人。南京大学历史系学士、硕士，德国波恩大学中亚语言文化系博士。现任教育部长江学者特聘教授、清华大学人文与社会科学高等研究所、中文系教授、博导。研究领域为西域语文、历史，特别是西藏历史、藏传佛教和汉藏佛学的比较研究。历任哈佛大学印度梵文研究系合作研究员、德国洪堡大学中亚系代理教授、日本京都大学文学部外国人共同研究员、台湾中研院历史语言研究所客座教授、普林斯顿高等研究院研究员、德国柏林高等研究院研究员等。曾任中国人民大学国学院副院长、宗教高等研究院副院长。代表作包括《西藏历史和佛教的语文学研究》《寻找香格里拉》《想象西藏：跨文化视野中的和尚、活佛、喇嘛和密教》《文本与历史：藏传佛教历史叙事的形成和汉藏佛学研究的建构》《藏传佛教在西域和中原的传播——〈大乘要道密集〉研究初编》等。

目　录

Contents

1

前　言

常说"文如其人"，读别人的文章，只要仔细观察其遣词造句，品味其微言大义，就大致可以想见作者的为人和境界了。与此类似，有人说"一个人的学术其实就是这个人的传记"。言下之意，一个人做什么样的学问、怎样做学问，都与这个人的经历和个性有密切的关联。读者阅读一个人的学术著作，从中即可大致勾勒出作者的人生轨迹，并看出他／她的心性和性格特征。借编集《大元史与新清史》这本小书的机会，我对收录在书中的这几篇文章的写作经历和内容略作回顾，深感"文如其人"和"一个人的学术其实就是这个人的传记"的说法是很有些道理的。

本书最后一章《我看"新清史"的热闹和门道——略议"新清史"语境中的中国、内亚、菩萨皇帝和满文文献》，last but not the least，无疑是这本小书中的一篇大文章，我之所以要编集这本小书一大半即缘起于它。蒙《上海书评》主事诸友之隆情厚谊，这篇长文曾以《沈卫荣看"新清史"的热闹和门道》为题，分成五期在"澎湃网"上连载，一时似乎相当火热，为我收获了大量读者。它肯定是我迄今所发表的所有学术论文中阅读量最大、传播最广的一篇文章。后来不断有一些不熟悉我的读者误以为我是一位专业研究清史的学者，会以各种不同的方式和我取得联系，要和我讨论与满族和清史相关的种种学术的和非学术的问题，常令我措手不及，难以招架。随后，几次有出版界的友人提议要把它出成一个单行的小册子，他们对拙文的谬爱令我感动，可我觉得它还是太单薄了，实在不足以成书，所以后来便起意编集了这本《大元史与新清史》。

我从来就不是一位清史学者，过去不是，现在依然不是。如果要给自己从事的学术活动做一个硬性的身份定位的话，那么我只敢说我是一名研究藏学的学者，特别是研究藏传佛教历史的学者。除此之外，我或还可以斗胆声称自己也是一名"文本语文学家"(textual philologist)，因为在我过去三十余年的学术生涯中，不管具体从事哪个学术课题的研究，我始终强调运用最基本的"语文学"的学术方法，对传到我手中需要研究的那个文本作尽可能全面和深入的历史化和语境化处理，进而对它们做出最准确的理解和解读。我之所以敢以一位非清史学者的身份发表一篇评论"新清史"研究的文章，只是因为有关"新清史"的争议点本来就都不在清史研究的具体细节之中，而仅在于其出发点、立场和叙事角度、方式等一些有关民族史和区域史研究的"共通的"(thun mong yin pa)方面。在这篇文章中我所重点讨论的几个问题，即关于"中国"和"内亚"的概念问题，和作为"大清统治意识形态"的藏传佛教、汉文和满文文献之于清史研究的价值和意义，以及东方主义与"新清史"的关联等等，都与我作为一位藏学家或者语文学家的身份和学术兴趣有关。如果说我对"新清史"的批评和讨论多少切中了这场争论的要害，并对解决这场常常并不很学术的争端提出了一些具有建设性意义的观点的话，那么这纯粹是因为我对藏传佛教的研究大概要比大部分参与这场讨论的清史学者们更有权威性，此外，我对东西双方的学术理路的认知与或东或西一方的学者相比可能更加清晰一点，而这要归功于二十余年间我同时游走于东西方两个学术世界的学术经历。

正如我不敢妄称自己是一位清史研究者，我也不敢否认自己是一位蒙元史研究者。我的学术故园是南京大学元史研究室，它是中国最著名的蒙元史大家韩儒林先生亲手创建起来的一个卓越的学术团体。自大学本科四年级开始，我就在陈得芝先生指导下学习蒙元史，我是陈老师独自招收的第一位蒙元史方向硕士研究生。陈老师指导我主攻元代西藏历史研究，并派我到中央民族学院随王尧老师学习藏语文。虽然，硕士毕业后，我就开始更加专注于藏学和藏传佛教研究，但迄今为止我始终没有完全离开过蒙元史的研究。1990年代，我在德国波恩大学中亚语言文化研究所攻读中亚语文学博士学位，这个研究所是20世纪后半叶世界最著名的蒙古学研究中心，我的学术导师Klaus Sagaster先生虽然指导我从事藏学研究，但他自己更是一位杰出的蒙古学家，在波恩随他读书的那些年内，我无时不受蒙古学的熏习。博士毕业后，我受日本学术振兴会资助到京都大学从事为期二年的合作研究，其间与世界最著名的"大元史"学者杉山正明先生有很密切的学术交往，随后又受他推荐进入日本地球科学研究所工作，直接参与了杉山先生领衔主持的黑水城研究项目，所以对他的学术理念和学术成就有很深入的了解。无疑正是因为有了上述这些殊胜的学术经历，我对"大元史"这套学术话语之形成和发展的过程相对熟悉，对它的介绍和评述也就明显带有直接和感性认知的成分。

需要说明的是，我将这种把元史研究置于全球史、欧亚史视野中进行考察的学术进路称为"大元史"，并非要借此而在它与以朝代更替为叙述框架的传统元史研究之间做出一种大与小的区分，于此"大元史"仅仅是作为一个或可与"新清史"

相应的权宜称呼来使用的。如前所述，我对"大元史"的了解有很多来自我的经历和直觉，所以本书第一章《蒙元史研究与蒙元历史叙事的建构》，与其说是我个人学术研究的一项具体成果，倒不如说是对我个人学术见闻和经历的一个报告，从中读者可以看到很多属于我个人学术生涯的传记性内容。如果从强调对多语种文献史料的运用、重视对元朝以外其他蒙古汗国历史的研究，以及具备广阔的国际学术视野这三个方面而言，培育我成长的南京大学元史研究室所倡导的，我自己学习和接受的那个蒙元史研究传统可以说从一开始就是"大元史"。但是，于此权充区分元史研究之大与小的标准，并不在于对蒙元史之具体历史细节的精细的语文学研究，而在于在全球史或者欧亚史视野中对蒙古历史叙事进行全新的改造和建构。中国学者在对蒙元王朝的历史学和语文学研究领域内，并不见得一定落后于世界学术同行，但他们在对蒙元历史叙事的改造和建构上，却完全置身事外，失去了近十几年来我每天要听到很多遍的那个我们既争不来、抢不得，又不知该如何去建构和建设的"话语权"。

如果说我自己对于蒙元史研究的进步也作出过一丁点贡献的话，那么这主要在于这些年内我在元代藏传佛教历史研究领域内取得了一些新的进展。元史研究早在三十余年前我冒昧闯入时就已经是一个十分成熟的学术领域了，对于一位初业行人(las dang po pa)而言，要获取新的历史资料，找到一个合适的研究课题，发前人之所未发，实在是一件非常不容易的事情。只有元代藏传佛教史的研究是一个难得的例外，由于专业的历史学家们常常不懂佛教，而佛学家们又不懂元朝的历史，长期以来对藏传密教的研究本来就很不充分，它与蒙元史研究处于两个完全不同的学术领域内，所以，尽管中外元史研究学界人才辈出，但其中却基本没有人能够同时兼通藏传密教研究，以致于对元代所传藏传佛教历史的研究严重滞后。专治元史的学者很多知道有《大乘要道密集》这样一部收录了大量元代汉译藏传密教文献的汉文藏传佛教资料存世，但由于他们缺乏基本的藏传密教知识，根本没有办法看懂这类纯粹密教性质的文献，也就更不可能将它们转化为研究元代所传藏传密教史的有用史料。而当我从藏学、佛学角度专心研究藏传密教文献和历史十有余年之后，回过头来再阅读和研究曾被元史学家们长期束之高阁的元代汉译藏传密教文献，并在俄藏黑水城文献和其他文献收藏中又相继发现了大量同类文献，然后将它们放置于藏传密教语境中进行还原和考察，并对多语种的文本进行过细的语文学的比较研究，于是终于能够解读出那些被人误解和巫化、情色化了好几百年的藏传密教修法和仪轨的真实面貌，揭开了元代藏传密教史上的一个又一个谜团。本书第四章《从"大喜乐"和"演揲儿"中拯救历史》就是对我近十余年来研究元代藏传密教历史所取得的学术成果的总结和介绍。时光飞逝，岁月蹉跎，要是三十多年前陈老师没有让我去北京学习藏文，那么今天的我有可能是一位更好、更纯粹的蒙古史家，但肯定没有能力看懂《大乘要道密集》这样的天书，并最终揭开元代藏传密教历史的真面目。若说我对元代历史研究有所贡献，则全部得益于我对藏学和藏传密教研究的经历和成果。

　　本书第二章《中世纪西藏史家笔下的蒙元王朝及其与西藏关系——以阅读藏文史著〈汉藏史集〉(*rGya bod yig tshang*)为中心》和第三章《论蒙元王朝于明代中国的政治和宗教遗产——藏传佛教于西夏、元、明三代政治和宗教体制形成中的角色研究》在一定程度上是从一个特别的角度对"大元史"历史叙事作出的回应。"大元史"将蒙元帝国视为一个跨越欧亚、改变了东西方世界秩序的世界大帝国，而这个蒙古帝国的出现即标志着现代世界新秩序的形成和全球化的开始。"一切真实的历史都是当代史"，这一套"大元史"历史叙事的出现显然与眼下汹涌澎湃的全球化浪潮不无关联，它是构建一套以区域和互动为主线的全球史体系的重要组成部分。可想而知，这一套话语明显是站在今人立场上推演出来的一种对蒙元王朝之历史定位的后见之明。元史研究无疑更应该从元代留下的多语种历史文献中去寻找相应的历史资料，弄清元朝当时代人是如何认识和界定元朝的历史位置的。我在本书的第二章中即以藏文历史名著《汉藏史集》为主要历史资料，分析元代西藏人对元朝的历史定位，发现元代的西藏人并没有强调和突出元朝的蒙古性质，更没有把元朝理解为一个超越了中国王朝更替之历史叙事的世界帝国，而是非常明确地把元朝作为中国（rgya nag）或者"大唐"王朝体系的一个组成部分。在今人眼中日见重要的汉、蒙古等民族／族群的区分，在当时的西藏人眼中根本就不成为一个问题，他们都可以是中国之理所当然的正统统治者。

"新清史"的一个重要观点即是主张藏传佛教信仰是连接满族、蒙古和西藏的一个强有力的纽带，藏传佛教，特别是其政教合一理念和菩萨皇帝观念，是大清帝国统治的"意识形态"，也是清帝国统治之"内亚特性"的主要内容。正是因为清统治所具有的这种"内亚特性"，清帝国实际上由"内亚帝国"和"汉帝国"这两个同等重要的帝国组成。我在评述"新清史"的文章中，对这种观念提出了质疑和批评，指出"新清史"家们对藏传佛教思想的种种误解，如菩萨皇帝根本就不是一个普世君主的观念，而只是分别统治西藏、蒙古和汉地的"三部怙主"之一，而"政教合一"观念即使于西藏本土也没有成功地实施，它通过蒙古再传给清朝皇帝时早已改变了内容，清朝皇帝不可能将佛教作为国教，依法政（佛教政府）来治国、平天下等等。与"新清史"对藏传佛教于清代政治中的作用的种种误解形成鲜明对比的是，即使是倾向于建构"大元史"历史叙事的蒙元史学者们，也没有充分注意到藏传佛教在西夏、元、明三代政治、宗教体制形成过程中所扮演的重要角色。西夏、元、明这三个由不同民族建立和统治的政权，在共同信仰藏传佛教这一点上形成了共性，促成了它们的政治和宗教体制很大程度上具有一致性和延续性。西夏人对藏传佛教的深刻信仰为继其而起的蒙古人迅速接受和皈依藏传佛教奠定了深厚的基础，西夏王室首创的以西藏喇嘛为帝师的宗教制度也是元代建立帝师制度时所效仿的榜样。而明代汉族统治者在成功推翻蒙古异族统治、改朝换代之际，却并没有彻底地革故鼎新，全盘废除蒙古旧制，相反他们继承了许多蒙古旧有的政治和宗教制度，特别是同样接受了藏传佛教信仰，明代前期吸收和鼓励藏传佛教内传的程度甚至超过了元朝。从西夏、元、明三代之统治者共同信仰藏传佛教这一点来说，它们的统治或比清朝更具有明显的"内亚特性"。从藏传佛教于西域和中原传播历史的角度，来讨论西夏、元、明三代的政治和宗教体制的一致性和延续性，或同样应当是"大元史"历史叙事的重要内容。

《大元史与新清史》这本小书可算是我研究元代藏传佛教历史的一个总结报告，书虽小，文章更不厚重，却真实地呈现了我三十余年学海泛舟的经历和收获。于此我想把我的这本小书献给我的启蒙老师，一位杰出的蒙元史家、无与伦比的优秀学者陈得芝先生！三十余年前是陈老师把我引入了蒙元史研究这个学术领域，三十余年来他温润如玉的道德、吉祥如花的文章一直是我学术人生的楷模，但愿这份不起眼的薄礼，能博得老病中的陈老师的一丝欢喜！

第一章
蒙元史研究与蒙元历史叙事的建构

一

20世纪90年代初，当我在德国波恩大学读书的时候，曾经读到过一本书，它的主书名叫作《十三世纪西方蒙古形象的来源与影响》（*Ursprung und Ausprägung des Abendländischen Mongolenbildes im 13. Jahrhundert*），而其副书名是《[欧洲]中世纪思想史的一个尝试》（*Ein Versuch zur Ideengeschichte des Mittelalters*），这本书是亚琛（Aachen）工业大学哲学系1990年度的一篇博士论文，由德国著名的东方[亚洲]研究出版社 Harrassowitz Verlag 于1993年出版，作者是 Axel Klopprogge。记得这本书出版后得了奖，获得了很多好评，故引起了我的注意，当时读了以后觉得很受触动和启发，至今记忆犹新。这本书的主题讲的是欧洲人是如何期待、理解和接受蒙古西征，或者那个被人称为"蒙古旋风"的历史事件的。蒙古对欧洲的征战发生在1241年，延续时间不长，蒙古西征最远点也不过是达

图1-1 《十三世纪西方蒙古形象的来源和影响：中世纪思想
史的一个尝试》（Harrassowitz Verlag, 1993）

到了波兰和德国边境地区的Liegnitz和Schlesien，于此逗留的时间一共也不到两周，果真是一场转瞬即逝的风暴，可它在欧洲思想史上却留下了长期和深刻的影响。

这本书的作者提出对蒙古西征历史的研究应该分为两个不同的层面，一个层面是研究当时具体发生了什么，蒙古西征究竟是怎样的一个历史过程，但这显然不是作者这本书要关注的重点，对它的研究需要比他更专业的蒙古史学家来完成；而另外一个层面则是研究当时欧洲人是如何期待、理解、解释，甚至是设计了蒙古西征这一历史过程的，以及蒙古西征在欧洲思想史上带来过什么样的影响。这正是这本书的作者所要关注的重点。这个层面的"历史"研究跟作为一场军事行为的蒙古西征本身关系不大，它基本上属于欧洲思想史研究的范畴。作者的研究表明，令人觉得非常不可思议的是，早在蒙古西征这一历史事件实际发生以前，欧洲已经出现了各种各样有关蒙古人的传说，事实上欧洲人早已经期待着鞑靼人（蒙古人）某天真的会在欧洲出现，并帮助基督徒们来惩罚和消灭异教徒，甚至征服全世界。所以，当时代的欧洲人对这场旋风式的蒙古西征的历史的描述基本上是按照他们自己的期待、想象和设计来完成的，它们与那一实际发生的历史事件及其过程严重相脱离，这是在欧洲中世纪思想史的结构中来重现和讲述的一个蒙古西征的故事。

与欧洲人对蒙古西征的想象和设计紧密相关的另一个在中世纪欧洲思想史上具有深远影响的事情是自12世纪开始曾经在欧洲广泛流传的一个有关约翰长老的王国（The Kingdom of Prester John）的故事。这是一个纯粹由好事的基督教教士捏造出来的故事，表达的是他们希望联合来自东方的力量来消灭威胁到他们的异教徒穆斯林的愿望。这个故事说，在遥远的东方存在有一个非常强大的基督教王国，它的领袖是约翰长老（Presbyter Johannes，或称Prester John），他是七十二个国家的君主的君主，统治着东方所有广大的地方，有朝一日他将率领他势不可挡、强大无比的军队打回西方，以帮助他的西方基督教兄弟们去消灭异教徒穆斯林们。这个传说在当时的欧洲流传非常广泛，所以，即使像马可波罗这样少小离家、没有多少文化的商人，显然也已经受到了这个故事的深刻影响。在由他叙述的东方游记中，马可波罗可以对他司空见惯的那些真实的东方故事忽略不谈，却对约翰长老和他的王国念念不忘，曾经多次提到，因为他清楚地知道与他同时代的西方读者们大概不会对那些完全超越了他们想象范围的中国故事，如中国有万里长城或者中国女人裹小脚等等有很多的兴趣，却十分期待能够从他那里听到更多他们早已经耳熟能详但亟待证实的事情，例如这个关于约翰长老的故事。以往曾有不少历史学家非常用心地去考证这位约翰长老到底是谁，他的王国到底应该是在印度、蒙古、中亚或者埃塞俄比亚等等，而在专门研究《马可波罗游记》的中外学者中，也有一些人很关心马可波罗所说的这位国王到底是指成吉思汗还是克烈部的王罕。考证来考证去，却不知道或者忘了，这位约翰长老就像西方人一直觉得东方世界有而他们所没有的一种"独角兽"（unicorn）一样，本来就是一位虚构出来的人物。对约翰长老及其王国的研究与蒙古史或者东方史完全没有关系，它理所当然地也应该是中世纪欧洲思想史的一部分。[1]

读《十三世纪西方蒙古形象的来源与影响》这本书的时候，我正随导师Klaus Sagaster先生阅读德国学者整理出版的

---

[1]　关于"约翰长老的王国"的传说及其在欧洲历史上的影响的著作非常丰富，不胜枚举，兹仅列蒙古学家Igor de Rachewiltz（罗依果）教授的一部著作 *Prester John and Europe's Discovery of East Asia*, Australian National University Press, 1972。此外，已故意大利小说家、学者Umberto Eco先生曾写过一部学究式的小说，题为 *Baudolino*，发表于2000年，专门讲述"约翰长老"这个传说被制造出来的经过，故事委婉曲折，引人入胜。

图1-2 "忽必烈接受威尼斯商人的礼物"（欧洲中世纪手稿彩图）

多种欧洲传教士们留下的蒙古行记，同时也正被"约翰长老的王国"这个故事深深地吸引，曾花了不少时间去搜罗有关这个传奇的各种学术的和非学术的作品，想彻底搞清楚这个故事的来龙去脉。而整个这段有趣的读书过程，使我对蒙元史研究的观念产生了很大的转变和影响，开始注意到蒙元史研究不管是论其内容，还是论其方法，原来都比我以前所理解的要丰富、广阔和复杂得多，它至少应该从两个或者多个不同的层面、维度或者视角来展开，同时也开始认识到蒙元史不只是中国古代历史的一个组成部分，蒙元王朝曾经是一个跨越欧亚的大帝国，它连接了东西方世界，打破了原有的以欧洲或者以汉文明为中心的世界格局，所以，它的历史既是中国古代历史的一个组成部分，同时也可以是欧洲历史，或者世界历史的一个组成部分，对它的研究不只是一些蒙元史学家们在做的事情，也可以是欧洲思想史家们所研究的主题。还有，以前我觉得历史研究最基本和最重要的任务是对具体的历史事件、事实的考证和重建以及对历史事件发生的年代顺序的建构，而比较忽略如何对自己所研究的这段历史用某一种故事的形式作整体地叙述和再现（presentation and representation），现在则开始明白从揭露历史的事实（facts）到形成一种历史的叙事（historical narrative）之间有一个十分精致和微妙的转换过程，而历代史学家对历史的研究往往不是一个简单地寻找历史资料和发现历史事实的过程，而是一个不断地对它进行重塑的过程，他们采用哪一种叙事形式来表述和重现某一段历史，通常都与史学家们当时所处的时代的现实关心有关，体现出历史研究与当下现实社会和文化的联系，以及它对于当下的价值和意义。

二

有了前述这一段特殊的读书经历，再来回顾我自己此前在国内学习蒙元史的经历，不难发现我自己和国内的大部分学术同行们，至少在20世纪的八九十年代，显然主要是把蒙元史作为中国古代历史的一个部分来研究的，关注的更多是考证和研究蒙元历史上的各种具体问题和具体史实，而较少在意如何整体地来讲述蒙元史，或者说采用哪一种视角、用哪一种故事形式（叙事模式）来构建一套关于蒙元王朝的历史叙事。特别是我们这些当年曾经在南京大学元史研究室学习过、工作过的师友们，大都是傅斯年先生的崇拜者，推崇他所主张的"史料即史学"的观点，认定研究历史最要紧的是要"上穷碧落下黄泉，动手动脚找东西"。或者说得更远一点，我们都是于汉学和中亚研究领域内被伯希和先生等发挥到了极致的西方历史语言学（语文学）传统的崇拜者，我的老师陈得芝先生和老师的老师韩儒林先生都是在这个传统下训练出来的优秀的蒙元史大家。韩先生有句流传极广的名言叫做"板凳要坐十年冷，文章莫写一字空"，显现了语文学家甘为学术苦行僧的坚定不移的学术精神，这曾经是我们很多人的座右铭。值得一提的是，从20世纪80年代开始，中国的蒙元史研究在中国的各个断代史研究领域中曾经是一个很强、很特别的学科，与当时整个学界要拨乱反正，而历史研究则重点要反对以论代史的学术风气合拍，蒙元史研究的主流一直站在历史语言学（语文学、考据学）这个高度，延续了韩儒林先生等老一辈蒙元史学家们所积极倡导的语文学传统，提倡十分细致、扎实的学风，强调蒙元史研究者必须要掌握汉语文以外的诸如蒙古、波斯、阿拉伯、西藏等语言文字，有能力充分利用多语种写成的历史文献资料，并重视吸收西方和日本学术同行们的研究成果，令自己的研究"预流"，具有国际化的水准。所以，中国的蒙元史研究在改革开放以来的几十年中，作出了令人瞩目的成绩。哪怕是从今天的"大元史"或者"新清史"的角度和主张来衡量，中国蒙元史研究的主流至少在利用非汉语文文献资料和具备国际学术视野这两个方面，均不落后于世界学术的水准，从事的也从来都是"大元史"的研究。

可是，最近这一二十年来，世界上先后出现了众多重新讲述蒙元史的著作，它们从世界史、全球史或者欧亚史的

图1-3　韩儒林先生（1903—1983）

19

视角出发，建立起了一套全新的关于蒙元王朝的历史叙事。在这一套新的历史叙事中，蒙古对世界的征服被当成是近代世界新秩序建立的开始，或者说它甚至还是全球化的开始。与此同时，蒙元王朝的历史从传统的中国古代王朝不断变换更迭的历史框架中被挪移了出来，蒙元王朝被视为一个跨越欧亚、连接东西方世界的大帝国，它的历史意义相应地得到了全新的认识和提升，人们普遍地认为蒙元帝国的崛起整个地改变了东西方世界的原有格局，它为整个世界史创造了一个"蒙古时代"（和一个与之相连接的"后蒙古时代"），这个时代不再由以欧洲为中心的西方世界和以中国为中心的东方世界两个互相分离的世界组成，而是合成了以横跨欧亚的蒙古帝国为中心的一个整体。蒙古时代对世界格局的这种改变影响巨大，它一直延续到了我们今天所生存的这个当代世界。这一套新的蒙元历史叙事，令人耳目一新，它既反对欧洲中心主义，也反对汉族中心主义，在这个全球化正如火如荼地进行中的大时代深得人心，故引起了超越学术界的世界性反响。[1] 即使是在今天的中国，

---

[1] 这类著作很多，此仅列举其中几部比较有影响的作品，例如Jack Weatherford, *Genghis Khan and the Making of the Modern World*, New York: Broadway Books, 2004; Michal Biran, *Chinggis Khan*, London: One world Publications, 2007; Timothy May, *The Mongol Conquests in World History*, London: Reaktion Books, 2012。

这一套新的蒙元历史叙事也出人意外地受到了广大读者们的欢迎和欣赏，这一类重新讲述蒙元史的著作都十分畅销。颇令人遗憾的是，中国的蒙元史学家们不但没有能够参与到这一套新的蒙元历史叙事的建构之中去，而且他们几十年来对蒙元史的研究和成果多少因为这一套新的历史叙事的出现而黯然失色，显得有点陈旧和落伍，甚至遭受忽视或者无视。用现在流行的一句俗话来说，中国学者似乎在蒙元史研究这一领域的世界范围内失去了"话语权"。

对于这一套新的蒙元历史叙事对中国知识界带来的巨大震撼和影响，我们或可以从日本京都大学教授杉山正明先生的一系列关于蒙古史、元史和中国北方民族史的通俗类学术著作的引进、出版以及它们所产生的巨大反响作为一个典型例子来说明。杉山先生应该说是最早尝试从全球史、世界史的视角出发，将蒙元王朝作为一个横跨欧亚的大蒙古帝国而赋予其以新的历史定位和历史意义的一位著名的专业蒙元史家。他提出出现在中国北方的蒙古帝国本来是一个有着军事共同体传统的游牧部落，在成功征服和统治中华大地之后，拥有了一支人类史上罕见的强大的军事力量，它一方面将中华作为其统治的核心地区，另一方面活用中华本土的经济、产业和技术力量，实行对东亚、中亚和中东、欧洲地区的军事扩张，建立起了一个人

图1-4　杉山正明的著作

类历史上规模最大的帝国。所以，他认为"'元并非中国王朝'这一观念或许可以说是对错各半。但作为接收中华领土的结果，蒙古政权进一步充实、扩大了中华本土，这一点却是明白无误的事实。也正因为这一点，蒙古以后的明清两代政权，才得以保持了辽阔的版图。而另一方面，蒙古帝国作为一个联合体，领土确实远远超过了中华国界，横跨了由四个属国构成的超大区域。或许可以说，在13、14世纪有关蒙古和中国的关系方面，呈现出一种二律背反的侧面。"[1]

因为杉山先生与中国的学术同行们有很深的学术渊源，所以，他的一系列宏观叙述蒙元历史的作品既激发了中国学者们的浓厚兴趣，同时也给他们造成了不小的刺激和挑战，故引发了很多的讨论和争议。[2] 杉山先生是中国蒙元史学界的老熟

---

[1]《杉山正明谈蒙元帝国》，《东方早报·上海书评》编辑部编：《殊方未远：古代中国的疆域、民族与认同》，中华书局，2016年，第176—177页。对杉山先生这种观点的评论参见吕正惠：《杉山正明教授的中华文明观——〈疾驰的草原征服者〉〈游牧民的世界史〉读后感》，张志强主编：《重新讲述蒙元史》，三联书店，2016年。

[2] 杉山先生的通俗类学术著作大部分已经被翻译成汉文于近年出版，它们是：《忽必烈的挑战——蒙古帝国与世界历史的大转向》，社会科学文献出版社，2013年；《疾驰的草原征服者——辽西夏金元》，广西师范大学出版社，2014年；《游牧民的世界史》，中国工商联合出版社，2014年；《蒙古帝国的兴亡》（上、下），社会科学文献出版社，2015年；《蒙古颠覆世界史》，三联书店，2016年。杉山先生唯一的一本纯学术的专著是他（转下页）

人，记得1986年秋在南京大学召开了首次国际蒙元史学术讨
论会，当时的杉山先生风华正茂，不但外表年轻俊朗，而且
他的远大的学术抱负也溢于言表，给人留下了深刻的印象，是
国际蒙元史学界当时公认的后起之秀。作为日本蒙元史学界之
青年一代的杰出代表，他受到了中国学术同行们热忱的欢迎和
由衷的尊敬。当时大家对杉山先生肃然起敬的一个最重要的原
因是，听说他已经搜集了波斯大史学家拉施特的历史巨著——
《史集》的所有波斯文抄本，并正在着手整理和译注这部对于
研究蒙古历史来说至关重要的波斯文历史文献。可以说，中国

（接上页）的学术论文集，题为《モンゴル帝国と大元ウルス》，東洋史研究
叢刊，京都大学学術出版会，2004年。这部论文集为杉山先生赢得了2007
年日本学士院奖，这是日本学术界的最高荣誉之一，可唯有他的这部著作
在中国的学术界并未得到重视，尚无汉译本出版。值得充分强调的是，杉
山先生是一位十分有创造力，而且非常勤奋的优秀学者，进入新世纪以后，
他的学术兴趣又转移到了对蒙古时代绘制的世界地图的研究，其中包括对
汉文、阿拉伯文、拉丁文等多语种地图的研究；与此同时，他又参与了新
成立的"日本地球环境研究所"的多个历史学与地球环境学研究的项目的
前期规划和企划立案等工作，领导一批年轻学者参与该所所组织的绿洲项
目、伊犁项目等大型研究课题，出版了一批高质量的学术成果，也因此而
培养了一批年轻有为的学者，从事欧亚历史和人文、环境研究。他自己出
版的成果也有很多种，例如，杉山正明：「文明圏をこえて—モンゴル時代
の世界像（特集古典学研究—現代における古典学の役割）」，学術月報53
（11），1164—1168，2000；杉山正明：「東西の世界図が語る人類最初の大
地平」，藤井讓治、金田章裕、杉山正明（編集），『大地の肖像—絵図・地
図が語る世界』，京都大学学術出版会，2007。

的蒙元史学者从清代学者洪钧注译《元史译文证补》开始，就已经具备了"大元史"的学术眼光，一贯重视域外非汉语史料对于研究蒙元史的重要意义。但是，由于中国之学术与国际学术有了几十年的脱节，在当时中国的蒙元史家当中，还没有人能够直接利用波斯文文献，更没有可以自己去海外收集所有现存《史集》波斯文抄本的可能性，所以，杉山先生当年所具备的这种卓越的学术能力和优越的学术条件令人望尘莫及，故格外受到中国学术同行们的推崇。令人想不到的是，近三十年过去了，杉山先生让人期待已久的《史集》精校本和译注本至今未见出版，但他却以他所建立的一套对蒙元历史的十分独特的新的历史叙事而名满天下，其影响远远超出了中国的蒙元史学界，这让他的学术同行们多少有点感到错愕和不解。

如前所述，80年代以来的中国蒙元史研究可谓成绩斐然，其研究领域在不断地拓宽，对很多具体课题的研究也已经做得非常精细。几十年来，中国学者们也一直在追赶杉山先生的脚步，希望同样能够在利用多语种非汉语文献研究蒙元史这个领域内达到杉山先生这样高的学术水准，而这绝对不是一件轻而易举的事情。按照杉山先生自己的说法，"在研究蒙古、元朝史时，只能说学习多种语言是必要条件"。"在进行蒙古时代史研究时，汉语、波斯语不消说，阿拉伯语、突厥系语、俄语、梵语—巴利语、藏语、拉丁语、意大利语、德语、法语、英语、西班牙语等，都必不可少。坦率地说，如果想鼓足勇气进行蒙古时代及其前后的历史研究，那一生都得进行语言学习。同时，当然有必要从世界各地搜集蒙古时代以前的各种历史、语言文献。我自己从儿时开始一直到今日的大约四十年间，每天都纠结于此。"所以，他认为"挑战研究蒙古时代史，或许根本不是一个人所能做的事。"①不知道这是不是杉山先生最终改弦更辙，从对学究式的语文学研究的专注中突围出来，而全身心地投入到重构蒙元历史叙事的尝试之中的一个重要原因。而他在后一方面的成就和影响显然盖过了作为一名曾被世界蒙元史学界寄予厚望的出色的语文学家、蒙元史家的成就和影响力。

三

上述杉山先生于学术上的这种华丽转身，除了让中国的同行们觉得惊讶外，同样也应该给人以启发，或许我们今天也应该把眼光放宽一些，或者也像杉山先生一样变换一下视角来重

---

① 《杉山正明谈蒙元帝国》，《东方早报·上海书评》编辑部编：《殊方未远：古代中国的疆域、民族与认同》，中华书局，2016年，第183页。

新审视和思考蒙元史，来考虑一下在当下这个时代我们应当如何来讲述蒙元史，探讨一下蒙元史对于我们当今这个全球化了的世界的现实意义。

历史研究的进步与历史叙事的建构并不是同一回事，二者常常不是同步的。一种新的历史叙事或者话语的出现多半与一个时代、社会的特殊的兴趣和关注相关，而并不见得一定要依靠优秀的历史学家的努力，也不见得一定是建立在优秀历史学家们所作出的扎实可靠的历史研究的基础之上的。在蒙元历史研究和蒙元历史叙事、话语建构这两者之间，并不存在一条直接的通道。就目前的情形来看，中国的蒙元史家或已经把蒙元历史研究得很好，很专深了，可是，他们好像没有像别人一样尝试去把蒙元史这个故事讲得更好，或者说根本就没有努力去把他们的研究成果转化成为一种可以让非专业读者也能听得进去的历史叙事。与此同时，别人却正在讲述这个故事，而且已经建立起了有关这个故事的一套有影响力的叙事和话语。尽管别人讲的这个故事不见得一定正确，它与我们的研究成果也不一定相符合，但是，他们说的故事讲得多了，流传广了，就会自然而然地形成某种权威意义，并演变成为一套固定的历史叙事，随之而产生巨大的话语霸权。这样，我们自己不但失去了有关蒙元史的"话语权"，而且还会时刻受到这套既定叙事和话语的强烈的压迫和限制。所以，任何蒙元史学者在认真研究蒙元历史的同时，也应该对目前全球化、或者全球史背景下出现的种种有关蒙元历史的叙事予以更多的关注，也有必要用自己的研究成果来讲述这个故事，参与到全世界层面的有关蒙元史的叙事和话语的建构过程之中，从而建立起我们自己对蒙元史的历史叙事和话语。

如前所述，中国老一代的蒙元史学者都相信"史学就是史料学"，觉得研究历史的最终目的就是兰克（Leopold von Ranke, 1795—1886）所说的，"就像它实际发生的那样"（Wie es eigentlich gewesen ist）来重构历史。我们曾经充分相信，只要我们把史料都找齐了、穷尽了，把事情的前因后果都弄清楚了，那么，这个我们所寻求的"历史的真实"就自然而然地摆在我们的面前了。所以，我们要学习各种各样的语言文字，想尽各种各样的办法尽可能地去寻找别人还没有利用过的新的文献资料，然后对这些资料进行仔细的整理和研究，从而对已经十分成熟了的蒙元史研究做出更新、更大的贡献。当我初学蒙元史的时候，我就知道洪钧的《元史译文证补》曾对蒙元史研究起了多大的推动作用，明白是大量域外的、非汉语文献资料的发现给元史研究带来了革命性的进步。但是，于今天看来，这个层次的历史研究固然十分重要，应该说它依然还是蒙元史研究中最重要的工作，但它不是历史研究的全部内容。史料总有一天会被穷尽的，但历史研究是不会停止的，对历史事实的重构不但本身永远难以达到十分理想和完美的境界，而且它也不足以完全满足一个历史学家所有的好奇心，并圆满地实现其从事历史研究这个职业的价值和意义。怎样从对历史事实的探求当中同时求得历史对于我们眼下所处的这个时代和文明的意义？怎样构建对这些历史事件的表述和再现，并通过这种叙述建立起我们对于这段历史的理解和解释，这或许应该是历史研究的第二个重要步骤。至少具备了这两个步骤，我们的历史研究或方可达到司马迁所追求的"究天人之际，通古今之变，成一家之言"的境界。

毋庸讳言，能够从前述历史研究的第一个步骤跳跃到第二个步骤，或者说能够同时兼擅这两个步骤的历史学家并不多见，而杉山正明教授则是蒙元史研究领域内一个非常少有和典型的例子。他同时重视蒙元史研究的两个不同层面，从学术生涯前期对多种语文能力之训练的执着和成就，到后来对建构蒙元历史叙事所作出的创造性的发明，可以说他在语文学和理论两个领域都有很深的造诣，并都取得了出色的成就。这对于一位蒙元史学家来说，无疑是非常难能可贵的。在我于京都大学访学三年期间（2002—2005），我和杉山先生曾经非常熟悉，常有来往。记得有一次晚上和他一起酒喝得多了一点，几近半夜时被他拉到家里去喝茶。我很惊讶地发现他家里的藏书和他办公室的藏书完全不一样，可以说是两个完全不同的学术世界。他在京都大学的办公室以前为羽田亨先生所有，据说京大著名的学术前辈如佐藤长先生等即使在晚年到了杉山先生这间办公室门口依然会情不自禁地肃然起敬，而它到了杉山先生这里则成了日本关于蒙元史或者说欧亚史研究的最好的图书馆之一，因为它收藏了波斯文《史集》的所有版本。有几次，我在京大图书馆没找到的书，也在他的办公室全找到了，可见其名不虚传。可是，在他家里我看到他也有一间很大的书房，其中

图1-5　杉山正明（摄于1998年，网络照片）

堆满的却全是"岩波文库"一类的普及性读物，以及各种各样的理论类书籍。看起来，杉山先生在学校和在家里从事的是两种完全不同的学术研究，他同时驰骋在两个完全不同的学术世界之中，而且皆得心应手、收放自如。

我曾经很冒昧地问杉山先生为什么现在他不专心做《史集》的研究了，他颇带自嘲和无奈的解释是，他目前已经和出版商签下了很多的出书合同，故暂时没法停下来做别的，他还必须继续写这一类面向大众读者的学术作品。但我猜想，杉山先生在学术取向上的这种巨大变化，很可能还有另外的一个原因，即他对我们以前信奉的学术理念——研究历史就是要把历史像它过去实际所发生的那样呈现出来——产生了动摇。据说杉山先生给学生上课时，常常会毫不留情地批评像伯希和先生这样的一众超级学术权威，尖锐地指出这些权威们所犯的各种各样的错误。他大概觉得语文学的、实证性的历史研究最终还是很难达到十分精确和完美的理想境界的。即使是像伯希和这样不世出的伟大的语文学家、历史学家也难免会犯各种各样的低级的错误，所以，历史研究的科学性是很难得到完全的保证的。事实上，语文学研究本来就应该是一个前赴后继、不断进步的过程，后代学者依靠新的学术手段、凭借新发现的资料，可以不断地对其前代学者的研究和成果进行持续的更新和改进。一代人有一代人的学术，前一代人的学术正是后一代人学术发展和进步的基础。但是，历史研究从根本上来说还是一种再现和构建，它必须要建立在一种叙述和解释的框架和范式之上，每一段历史必须借助这些框架和范式才能被讲述、重现出来。所以，哪怕你能做最好的考据，当你要把它讲述出来的时候，依然还会受到某一种观念或者历史叙事模式的影响，更不用说它也可能会受到政治、权力和利益等等世俗因素的严重影响。从这个角度来讲，后现代史学对杉山先生或许曾经有过一定的影响，促使他实践了这种学术研究方向上的大跳跃。

四

几年前，我曾经在微博上看到有人在讨论本雅明（Walter Benjamin, 1892—1940）在"论历史的概念"（Über den Begriff der Geschichte）这篇文章中的一句话的翻译问题。我查阅这句话的德文原文是 Die Geschichte ist Gegenstand einer Konstruktion, 相应的英文是 History is object of construction。有人曾把它翻译成"历史是建构的客体"，另有人认为这译错了，正确的翻译应该是"历史是建构的主体"。实际上，德文的原意很简单，说的只是"历史是一种建构的东西"，Gegenstand 指的就是一种东西，并没有所谓"主体"和"客体"的区分。

按照本雅明的说法，历史或都是人为地建构出来的东西，没有纯粹客观的、不受任何观念影响的历史。这样的说法后来就成为了后现代史学的一个主题思想，虽或被认为有点矫枉过正，但确实对史学家们有很大的启发意义，也对今世的史学研究产生过非常大的影响。不但作为一门人文学科的历史研究很难达到百分之百的精准、客观和科学，就是历史书写、叙事的范式、模式、框架等等，它们也并不只是一种简单的学术工具，而是通常都连带着某种基本的历史观，它常常可以设定历史学家对他们所研究的基本历史事实的理解和解释。

多年前，我曾经读到过美国芝加哥大学宗教史教授Christian Wedemeyer先生的一篇讨论密乘佛教历史书写的文章，当时读来真的是振聋发聩，印象非常深刻，故以后常常会提到和用到它。这篇文章指出，我们长期以来一直在使用的一种历史叙事模式是黑格尔最早提出的所谓“有机的历史发展模式”，即认为任何一部历史就像是一个有机的发展过程（an organic process），它必须经历出生、成长、鼎盛到衰落、灭亡这样一个自然的过程。所以，不管是研究希腊、罗马史，还是研究中国古代史、城市史、宗教史等等，大家都必须遵循这样的一个叙事模式。于是，开国君主无一例外都是英明伟大、雄才大略的，而末代皇帝必然是荒淫无度、腐朽堕落的，所以这个国家才会由兴盛走向灭亡，完成它从出生到死亡的一个完整的自然过程。在这种有机历史发展观的影响下，我们从事历史研究的目的无非就是要从我们手中所掌握的文献资料中找出这种具体而又有规律性的东西，以帮助我们来描述我们所研究的对象所经历的生、老、病、死这一个完整的历史过程。譬如说，我们讲述印度佛教的历史，那么释迦牟尼出生是佛教的诞生，小乘佛教是成长，大乘佛教是鼎盛，到了密乘佛教则一定是腐朽衰落，要走向灭亡了。可是，密乘佛教最晚至少也应该在9世纪就已经出现了，它的起源实际上远比人们所设想的要早得多。虽然它常常被人与佛教的腐朽、堕落挂上钩，但它实际上是一种十分精致、复杂的宗教信仰和修习形式，而且即使到了今天它依然方兴未艾，丝毫没有要消亡的迹象。显然，这个有机发展的历史叙事模式在佛教史的构建和叙事中是不合适和无法令人信服的。但很不幸的是，长期以来研究佛教历史的学者们很少有人能够完全摆脱这种历史叙事模式的约束，所以即使是最好的语文学家也都难免不自觉地受到了这种叙事模式的影响和限制，而有意无意地要把密乘佛教的仪轨，如男女双修等，设想和规定为佛教进入腐朽、堕落之末路的象征。

　　Wedemeyer先生这篇文章中批评了很多当今很有名气的佛教语文学家，包括我在京都大学工作时的合作导师、杰出的印藏佛学语文学家御牧克己先生。Wedemeyer 先生想借此说明的是，即使是像御牧先生这么优秀的语文学家，因为受到了这种有机历史观叙事模式的影响，严重影响了他的判断力，以致错误地判定了某部密教经典出现的年代。因为密教必须要到佛教衰落、灭亡的时候才会出现，所以它不可能出现得很早，如果这部经典出现早了就和这种既定的历史叙事不相吻合了。[①]我想在其他任何历史研究领域里，我们也都会见到这类历史研究因受叙事模式的影响而出现种种类似的错误和问题的现象。

　　这种有机发展的历史叙事模式对于当代历史书写的影响，我们也可以在蒙元史研究中找到一个非常有典型意义的例子，它就是迄今为止中国古代历史书写传统中对藏传佛教于元朝蒙古宫廷传播历史的叙述。长期以来，人们习惯于把西番僧于元朝宫廷中所传的"秘密大喜乐禅定""演揲儿法"和"十六天魔舞"等藏传密教的修习仪轨，当成是导致元朝急速败亡的罪魁祸首，认为正是西番僧所传的这些实际上不过就是淫戏、房中术的藏传密法，彻底蛊惑了元朝末代皇帝元顺帝及其

---

① 参见 Christian K. Wedemeyer, "Tropes, Typologies, and Turnarounds: A Brief Genealogy of the Historiography of Tantric Buddhism", *History of Religions*, vol. 40, no. 3, 2001, pp. 223–259；此文的汉译文《修辞、分类学与转向：简论佛教密宗历史编纂源流》，见沈卫荣主编：《何谓密教？关于密教的定义、修习、符号和历史的诠释与争论》，中国藏学出版社，2013 年。

亲信大臣们的心，导致了元末宫廷的极端腐朽、堕落，最终使得蒙古人很快败亡漠北，失去了江山。显然，这样的历史叙事完全符合有机发展史观的叙事套路，与所有其他皇朝的末代君主一样，元顺帝的宫廷必然应该是腐朽、堕落的，而那些听起来很有异域情调的藏传密教修法不过是为历朝末代宫廷腐朽叙事提供了更让人觉得新奇、刺激的新作料。而把藏传密教修法巫化和色情化为淫戏、房中术，又完全符合这种有机发展史观下建构起来的佛教历史叙事，在这种叙事结构中，密教必然是腐朽、堕落的，它的出现即预示着佛教走向衰亡的开始。可是，我们近年对这段历史所作的文本研究却明确地告诉我们，上述"秘密大喜乐禅定""演揲儿法"和"十六天魔舞"等密教修法，根本不是在元朝末年才开始出现的，它们早在忽必烈汗建立元朝以前就已经由八思巴帝师亲传而在蒙古人中间传播开了，它们甚至早在蒙古帝国兴起以前就曾经在西夏王国内传播过，所以，这些密法的传播不应该是导致元朝骤亡的直接原因。而且，我们目前最新的研究成果还告诉我们，上述这些密教修法事实上大部分不涉及密教双修或者多修的内容，即是说，它们中的大部分与密教的双修法并无直接的关联，故不能将它们说成是腐朽、堕落的代名词，并把它们视为佛教或者元朝走向衰亡的必然的原因。

显然，当我们表述和再现蒙元史的时候，我们有意无意地会受到各种历史叙事模式／范式的影响和限制，而当我们面对来自日本和西方的"大元史"历史叙事的冲击和影响时，我们面临的一个十分困难的问题是，我们到底应该选择怎样的一种历史叙事框架来叙述蒙元王朝的历史，或者说我们应该从哪

图1-6　"十六天魔舞"（实为吉祥胜乐坛城修法仪轨的一部分）唐卡

个视角、哪个立场出发来叙述和理解这个由蒙古人所建立的元朝的历史以及它的历史地位和意义。迄今为止，更多人主张的是从中国王朝更迭史的视角来叙述蒙元史，也有人主张要从蒙古族历史这个视角来叙述蒙元史，而眼下则有很多人更倾向于从世界史、全球史的视角，或者从欧亚史、帝国史的视角来叙述蒙元史，他们各有各的一套说法，使得蒙元史的研究和再现变得十分丰富多彩。但是，这些角度不同的叙事和说法每每各有侧重、各有利弊，以致相互间形成了很多的意见分歧、冲突和争论，甚至

牵涉到了当今蒙古、中国与世界的关系，牵涉到中国古代历史的定位和当代中国的边疆归属等等敏感和难解的问题。

于蒙元史研究领域，我自己长期从事的是元代西藏历史的研究，对蒙元与西藏关系史的研究有比较多的了解，也因此而深刻地体会到如何来叙述蒙元史，如何给蒙元史一个合适的历史定位，对于研究和解释元代西藏历史具有何等重要的意义。对于蒙元时期西藏历史的研究，中外学界都已经取得了重大的学术成就，如意大利著名藏学家 Luciano Petech 先生对这段历史的精湛研究，理清了这段历史的基本线索，其成果绝对堪称世界一流。[1]中国学者中，也有像我的业师陈得芝先生这样世界一流的蒙元史大家，对这段历史从对蒙元制度史的整体把握出发做过一系列非常出色的研究。[2]他们的研究明确表明，蒙元王朝有效地统治了西藏百有余年，这是一个无可争议的历史事实。尽管如此，并非从此所有人都会服从上述中外学术权威们所得出的这一结论，能够自然地接受从元朝开始西藏成为中国领土之不可分割的一个组成部分这样的说法。相反，依然还

---

① Luciano Petech, *Central Tibet and the Mongols, The Yüan-Sa-skya Period of Tibetan History*, Serie Orientale Roma, Roma: Instituto Italiano peril Medio ed Estremo Oriente, 1990.

② 参见沈卫荣：《陈得芝先生与蒙元时期西藏史研究》，《西域历史语言研究集刊》，第7辑，科学出版社，2014年。

常听到有人会说元史、蒙古史，跟"中国史"、"中国"有什么关系呀？二者难道就是一回事吗？因为蒙古人建立的元朝曾经统治了西藏，今天的西藏就应该是中国领土的一部分了吗？这些都是研究西藏历史的人在海外经常会被人问到的一些十分尖锐的问题。与它们相类似的问题也经常出现于最近对清史的讨论中，清代对西藏、蒙古和新疆等所谓内亚地区的统治也是一个学界所公认的历史事实，可是"清帝国史"、"大清帝国"与"中国史"、"中国"又应该是一种什么样的关系呢？大清等同于中国吗？这大概也是有关"新清史"的讨论和争议中，最让人纠结和难以达成共识的一个问题。说到底，掩藏在这些争议背后的更关键和重要的一个问题是我们应该如何来定义"中国"的问题，是一个如何来界定历史上的中国和当下现实的中国，如何来认识今日作为一个民族—国家的中国的形成历史的问题。目前，中国学界对"何谓／何为中国？"这样的问题的讨论层出不穷，这在一定程度上就是对"大元史"或者"新清史"等对中国古代历史上由非汉民族所建立的"征服王朝"的历史所建构的一套新的历史叙事的回应和批评。

　　不难发现，杉山先生率先提出的对蒙元史的新的解读，在一定程度上就是要把蒙古人建立的元朝从传统的"中国古代王朝历史"的叙事框架中分离出来，转而把它放入全球史、欧亚史的叙事框架中来叙述，形成一种可称为"大元史"的叙事模式，这和近年来于中国学界引起了广泛讨论的"新清史"的观念大同小异，异曲同工。"新清史"的特点之一就是要把清朝的历史从传统的基于汉族中心主义史观的中国古代王朝史的建构中解放出来，然后从同时包括了一个"中国的帝国（汉人的帝国）"和一个"内亚的帝国"的跨越欧亚的大帝国的视角来叙述它的历史，由此而超越了中国古代历史的传统叙事方式。所以，同样从不同的视角、层面来看待蒙元王朝的历史，或者换一种方式来重新讲述蒙元史、建立中国历史学家们自己的关于蒙元史的历史叙事，是一个因海外"大元史"和"新清史"的出现而给中国的蒙元史研究者带来的必须认真对待的学术挑战。毫无疑问，中国的蒙元史学家们现在或许也应该从研究具体史实、具体问题的学术路径中暂时游走出来，一起来讨论一下应该如何来回应"大元史"和"新清史"的挑战、如何来重新讲述蒙元史、如何来重新建构我们自己对蒙元王朝的历史叙事。[1]但是，历史研究虽然需

---

[1] 近年来，陆续有一些中国学者已经开始回应海外"大元史"的讨论，参见罗新：《元朝不是中国的王朝吗？》，《殊方未远：古代中国的疆域、民族与认同》，中华书局，2016年，第165—174页；《张帆谈元朝对中国历史的影响》，《殊方未远：古代中国的疆域、民族与认同》，第185—199页；张志强主编：《重新讲述蒙元史》，三联书店，2016年。

要、也难以摆脱今人的视角和关心，但它绝不能完全被今人的立场和观念所左右和支配，我们依然必须把历史上所发生的事情放回到它们原来那个时代的政治、社会、文化和历史的语境中去观察、分析和解释，而不能严格按照当下人们之政治、思想和利益的趋向和关注，把它们统统写成一部当代史，否则，历史学就必将失去其作为一门人文学科存在的基础和必要。

五

前文已经提到，历史研究的进步与历史叙事的建构二者并不是同一回事，一种历史叙事或者话语的建构经常不是由优秀的历史学家们来完成的。于今日之世界，对成吉思汗和蒙古历史的叙述产生了最大影响的莫过于美国的人类学学者Jack Weatherford先生，他的那本《成吉思汗和现代世界的形成》自2004年初版以来十余年间一直是一本世界级的畅销书，一版再版，至少已经发行了三十万册，具有十分持久的影响力，并且还被翻译成了各种文字，在世界各地持续畅销、流行。而且，在随后的这些年间，他又相继出版了另外两本世界级的畅销书，即《蒙古皇后秘史：成吉思汗的女儿们是如何拯救了他的帝国的》和《成吉思汗和对神的追求：这位最伟大的征服者是如

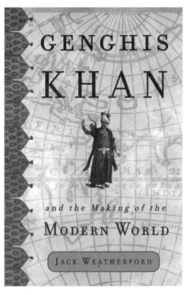

图1-7 《成吉思汗与今日世界之形成》(作者：杰克·威泽弗德；2004年)

何给我们宗教自由的》。[①]今日任何人要谈论蒙古和蒙古的历史，大概谁也无法忽略他的这三部著作的存在了。

可是，令人十分吃惊的是，这位Weatherford先生根本就不是一位专业的蒙古史学家，他甚至根本就不是一位历史学家。在动手写作《成吉思汗与现代世界的形成》这部著作

[①] Jack Weatherford, *Genghis Khan and the Making of the Modern World*, Broadway Books, 2004. 此书于2004年问世后已经被翻译成多种文字出版，并一版再版。迄今为止，它的英文本至少已经再版了五次，其汉译本是杰克·威泽弗德著，温海清、姚建根译：《成吉思汗与今日世界之形成》，重庆出版社，2006年。Jack Weatherford先生在出版了《成吉思汗和现代世界的形成》并在世界范围内获得了巨大的成功之后，接连又出版了两部有关蒙古历史的著作，都是世界级的畅销书，它们是 *The Secret History of the Mongol Queens: How the Daughters of Genghis Khan Rescued His Empire*, Broadway Books, 2011; *Genghis Khan and the Quest for God: How the World's Greatest Conqueror Gave Us Religious Freedom*, Penguin Books, 2017.

时，他是地处美国明尼苏达州圣保罗市的Macalester学院的人类学系的教授和主任，是一位十分著名的畅销书作家。21世纪之初，我也曾在Macalester学院历史系教过一个学期的书，和Weatherford先生有过短暂的同事之谊。记得有一天，他专门邀请正在同州的Carlton学院人类学和社会学系教书的蒙古族学者纳日碧力戈先生和我一起吃晚饭，郑重地告诉我们他正在计划写作一本关于成吉思汗与现代世界的新书。当时我们听了以后觉得非常吃惊，问他以前研究过蒙古史吗？他说从来没研究过。我知道他写的前一本书是《钱的历史》，这是一本世界级的畅销书，我先前在学校橱窗里展出的在校教授优秀作品中见到过这本书，据说它已经被翻译成十二种语言，后来他也曾经送给过我这本书的汉译本，读过之后对他汪洋恣肆的文笔有过极为深刻的印象，但书的内容基本没有进我的脑子。① 而他最初的成名之作是一部研究美国土著印第安人的著作，题为《印第安施主们：美国的印第安人是怎样改变了世界的》，据说也曾风行一时，是这个领域的经典之作。②

---

① Jack Weatherford, *The History of Money*, Crown Business, reprint edition, 1998.

② Jack Weatherford, *Indian Givers: How the Indians of the Americans Transformed the World*, Ballantine Books, 1989.

我们很好奇地问他怎么会突然想起来要写一本关于成吉思汗的书呢？我还历数了我自己所知道的各种成吉思汗的传记，还特别提到了俄裔德国学者、曾任洪堡大学汉学教授的Paul Ratchnevsky最初用德文所写的那本经典的成吉思汗的传记。[①] Weatherford很坦率和自信地告诉我们他想写这部书纯粹就是觉得成吉思汗这个人很有意思，而且蒙古人当年对世界的征服与近代世界秩序的形成有很大的关联，所以，这本书写出来就一定会很畅销。虽说他以前对蒙古史素无研究，但他计划花五年时间进行专心的研究，每个假期都去蒙古国做实地的调查，直接在蒙古人中间感受蒙古人的古代文化和习俗，五年以后就一定能够把它写出来。

虽然Weatherford先生当时说得很轻松，也很自信，而且作为多部世界级畅销书的作者，他的出色的写作能力也是早已经得到了证明的，但我和纳日兄心里还是直犯嘀咕，觉得这位原先对蒙古史一窍不通的人类学家凭啥用五年时间就能写出一部让全世界都叫好的蒙古历史书来呢？因为我自己可以算是蒙元史研究领域的一个逃兵，当时正是觉得从事蒙元史

---

① Paul Ratchnevsky, *Genghis Khan: His Life and Legacy*, Blackwell Publishing, 1991.

研究太难，门槛太高而不得不改做西藏研究的。正如杉山先生所说，仅仅学习和掌握研究蒙元史必需的多种语文就会消耗掉一位学者大半辈子的时间和毅力，更何况还要利用这些多语种文本在吸收众多前辈大师们的优秀成果的基础上对它进行研究呢？而纳日兄则多次告诉我，他硕士毕业时曾去内蒙古大学求见中国蒙元史研究的神一级的大人物亦邻真先生，希望随他继续深造、工作，但亦邻真先生直言不讳地告诉他像他这样只有人类学背景而缺乏多语种语文学训练的人是做不了蒙古历史研究的。所以，我俩对能从事蒙元史研究的学者都坚守着一份特别崇高的敬意。万万没有想到的是，几年以后正是这位Weatherford先生成为了世界上最有名的蒙古历史专家。

2004年的某一天我在美国的一个国际机场的书店里第一次看到了Weatherford先生的这部新作《成吉思汗和现代世界的形成》，惊讶和佩服之情实在难以言表，他居然真的完全按照他的计划在五年不到的时间内贡献出了这部有关成吉思汗和现代世界之形成的世界级的畅销书。从那以后，我不止一次地开始阅读他的这部著作，但迄今为止一直未能平心静气地把它读完，心里似乎一直有个解不开的疙瘩：我认识那么多的蒙古史学家，可为什么偏偏是这位本来与蒙古史完全不搭界的人类学家Weatherford先生写出了这部目前世界上最畅销、最有影响力的蒙古历史著作呢？但我不得不说的是，与其说《成吉思汗和现代世界的形成》是一部优秀的历史著作，倒不如说它是专门为当代人量身打造的一部现代蒙古史诗。首先，这部书不是从书斋里产生出来的，它不是以文本研究的方法来研究蒙古历史的，而是以所谓的"运动考古学"（Archaeology of Movement）的方法做出的研究，是骑在马背上追随成吉思汗的脚步、行程万里而感悟出来的一部著作，它具有明显的人类学的性质；其次，这本书所讲述的故事中有一半并不是成吉思汗本人的故事，而是他的子孙、后裔们的作为，故说它是构建"成吉思汗与现代世界的形成"的历史是不恰当的；再次，作者于书中对成吉思汗的作为和个人品质做了能够完全满足当代读者之好奇和期待的设计和夸张，与历史上的那位成吉思汗本人的作为和品质相差很远。作者说成吉思汗在短短的二十五年内完成了一项比罗马帝国花了四百年才完成的更伟大的征服事业，建立起了一个于世界历史上举世无双、史无前例的伟大帝国，成吉思汗不但不是一位血腥、残暴的军事征服者，而是一位比欧洲或者亚洲历史上任何一位伟大的君主更加开明和进步的统治者、一位雄才大略的军事家，他不但废除了酷刑，摧毁了封建贵族特权制度，鼓励自由贸易、扩大了欧亚不同地区间的经济往来，准许彻底的宗教信仰自由，积极地推动跨文化的交流，促使了世界文明的繁荣，甚至他还是一位虔诚的基督徒，一位因为不够称职而常懊悔不已的好父亲，一位尽管多妻多妾、但富有爱意的好丈夫等等。这样的一位成吉思汗实在可以是一位后现代人十分渴望拥有的理想型的世界领袖，一位千古一遇的转轮圣王。可是，谁敢相信如此出类拔萃的雄才大略和如此众多的卓越品质竟然都曾集中于成吉思汗这一位前近代的蒙古部落领袖身上。Weatherford先生在书中努力想说明，催生了文艺复兴、推动了近代世界之形成的很多观念和发明实际上都来自于成吉思汗和他的后裔们，虽然这样的努力显然还不够成功，一时还很难为所有读者所接受，但至少从此人们将对成吉思汗及其所创立的大帝国、他所留下的所有精神的和物质的遗产，以及保留至今的蒙古民族文化刮目相看，并致以崇高的敬意。

Weatherford先生的成功让我不得不承认，对于蒙元史的研究和历史叙事的建构而言，它不只是要求历史学家必须具备"板凳要坐十年冷，文章莫写一字空"的语文学家精神，而且还需要他们具备更宽广的视角和维度，历史研究除了要从其原初的历史语境中来揭示其历史的真实，也必须从当下的视角和关心出发来考察其历史定位和其于现实世界的意义。总而言之，如果人们能够调整一下视角、变换一种研究方法，那么，即使不是训练有素的专业的蒙元历史学家，或许也能够写出一部给我们这些专业的蒙元史学家们以新知和启发的优秀历史作品。Weatherford先生仅用五年时间就写出了一部世界级的畅销书，建构起了他对蒙元历史的一种新的叙事，作为专业的蒙元史家，我们或也可以从他这里多少获得一些积极的启发。虽然我们绝不能把历史叙事与历史、把历史叙事的建构与历史研究等而视之，但是，我们同样不能只研究历史而不关注历史叙事的建构，因为历史研究的目的不只是要揭露历史的真实，而且还要诠释历史的意义。

第二章
中世纪西藏史家笔下的蒙元王朝及其与西藏的关系
—— 以阅读藏文史著《汉藏史集》（*rGya bod yig tshang*）
为中心

一

　　迄至国际藏学会前主席、意大利藏学家Luciano Petech先生（1914—2010）于1990年出版《乌思藏与蒙古人：西藏历史的元—萨思迦时代》一书为止，[①]国际学界对蒙元王朝统治西藏百余年之历史的研究应该说已经告一段落了。通过Petech持续多年的精湛研究，蒙元王朝对西藏的征服和管理、它在西藏地方的行政建构和蒙古统治下西藏地方僧俗势力之消长和互动的基本历史面貌等等，都已经相对清楚地呈现在了我们的面前。虽然随着对更多藏文地方历史和宗教文献资料的进一步发掘和研究，我们依然可以不断地更新和加深我们对这一时期藏

---

① Luciano Petech, *Central Tibet and the Mongols: The Yüan-Sa-kya Period of Tibetan History,* Serie Orientale Roma, Rome, 1990.

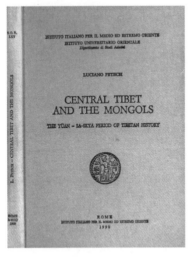

图2-1 1990年意大利出版《乌思藏与蒙古人》

族社会和文明发展历史的知识和了解，但对于这一时期西藏历史的总体把握则已经基本成型。①

然而，Petech这部权威学术著作的问世并没有停息人们长期以来对认识和解读元朝西藏历史的种种分歧。对这段历史的研究显然有两个关注点截然不同的层面：一个是对元代西藏历史本身的研究；另一个是对后世如何建构元代西藏历史叙事的研究，也就是说，是对后人如何认识和解释这段历史的历史的研究。Petech的著作显然是前一个层面之研究的典范之作，但它对后一个层面的研究却并没有产生特别明显的影响，尽管他的这部著作先

---

① 关于元代西藏史研究现状的最新总结和评论参见沈卫荣：《陈得芝先生与蒙元时期西藏史研究》，《西域历史语言研究集刊》，第7辑，科学出版社，2014年，第13—20页。

后被翻译成了汉文和藏文出版。[1] "一切真实的历史都是当代史"，对元代西藏历史的认识和解释经常显示出明显的现实政治的烙印，特别是近几十年来，对这段历史的解释和叙事更是不断被政治化，乃至严重脱离其历史的客观真实。因此，要将前述这两个不同层面的研究整合到一起是一件非常困难的事，人们对元朝西藏历史的研究、解释和叙述迄今难以保持学术研究应有的客观和公正，中西皆然。[2]

----

① 　伯戴克著、张云译:《元代西藏历史研究》，云南人民出版社，2002年；2010年10月兰州大学出版社增订再版。笔者于2014年冬访问罗马亚洲艺术博物馆时，见到了藏于该馆的 Petech 先生个人档案，其中有他的这部著作的藏文译稿和 Petech 先生对这部译稿的详细的修改意见书，而这部藏文译本最终的出版地点和年月不详。

② 　Luciano Petech（1914—2010）先生是继图齐（Giuseppe Tucci，1894—1984）之后意大利最著名的藏学家，也是世界最著名的西藏历史学家之一，其著作的学术权威性无可匹敌。像他这样同时利用藏汉文文献资料，抽丝剥茧，从制度史、编年史的角度细致地构建元代西藏历史的基本框架和年代顺序的历史研究方法，于今天的国际藏学界已成绝唱。但是，在关于西藏历史的叙述上，Petech 这部著作在民间的影响力显然还远不如一些在学术上完全无法望其项背的半学术、半政治类作品，如孜本夏喀巴（Tsepon W. D. Shakabpa）的 Tibet: A Political History（《西藏政治史》，New Heaven, 1967）、Michael C. van Walt van Praag 的 The Status of Tibet: History, Right and Prospects in International Law（《西藏地位：国际法中的历史、权利和前景》，Boulder, 1987）等等。于今国际社会主流的"西藏话语"中有关西藏历史的种种说法显然不是通过 Petech，而是通过 Shakabpa、van Walt van Praag 等先生们的作品而形成的。

由于蒙元王朝是中国古代历史上的一个由非汉民族（蒙古族）入主中原而建立起来的"征服王朝"，而今天的世界上依然还有一个以蒙古人为主体的主权独立国家（蒙古人民共和国）存在，所以，应该把蒙元王朝的历史仅仅作为中国古代历史的一部分，还是作为大蒙古国历史的一部分来进行叙述，这就成了一个严重困扰中外史学家们的难题。同样，西藏究竟自古以来就是中国领土的一部分，还是它曾经作为一个独立的国家存在过，只是自元朝开始才成为中国领土的一部分的？或者说，即使西藏于元朝成为了蒙元王朝领土一个不可分割的组成部分，这是否同时就表明西藏自此以后就成了中国领土不可分割的一个部分了呢？诸如此类的这些问题，于今天的国际政治和学术舞台上都是常常会引起激烈争论的敏感话题。所以，在今天人们如何来研究、认识和叙述元代西藏历史并不只是一个纯粹的学术主题，更不可能是"一个思想或者行为的自由主题"（a free subject of thought or action），它常常受到来自学术之外的种种其他因素的干扰和影响。①

如今，越来越多的人接受和相信"一切历史都是当代史"

---

① 关于东西方有关西藏历史的叙述和争议参见 Elliot Sperling, *The Tibet-China Conflict: History and Polemics*, Policy Studies 7, East-West Center, Washington, 2004.

这样的说法，知道每个学者的学术著作中或多或少都会透露出一些带有其个人传记性质的成分，所以，我们对于当下现实政治的关怀、立场有可能对历史研究产生巨大影响这一事实已经有了充分的警惕，也明白了今天我们研究历史的目的并不是为了要用过去了的历史来为今天发生中的现实圆场这个道理。相反，历史研究应该尽量排除现实政治的干扰，把历史故事放回到其本来的语言的、社会的和历史的语境中来考察，以充分揭露历史的独特性、丰富性和复杂性。只有这样，历史研究或才有可能对我们今天理解和解决现实政治中出现的种种矛盾和冲突有所启发和帮助。

长期以来，由于受到现实政治的影响，人们对于元代西藏历史的认识和解释有两个明显的纠结点。一是对元朝在中国古代史上的定位的纠结：作为蒙古人入主中原而建立起来的一个征服王朝，元朝于中国历史上究竟应该占有一个什么样的历史地位？它究竟是不是中国古代历史的一个组成部分？对此中外学者还远没有达成互相可以接受的共识。就像近年来引发了很多热烈讨论的"新清史"研究一样，对元史的研究、叙述和讨论同样可以有一个与"新清史"类似的"新元史"，或者"大元史"的视角。传统的元史研究习惯于把元朝作为中国古代历史上连接宋、明二朝之间的一个传统的王朝来看待，而"大元史"的角度或即是要把蒙元王朝看成是一个独立于、或者超越了中国王朝体制的欧亚大帝国。它连接欧亚，打通东西，创立了一个全新的具有现代意义的世界秩序，在世界历史上开创了一个有持久影响的"蒙古时代"。[1] 在这种新视角下，蒙元王朝似乎不再是中国古代历史上的一个王朝，它至少超越了中国古代历史的范畴，成为包括了四大蒙古汗国的整个蒙古帝国的代表，是世界历史上绝无仅有的一个开创了新时代的世界性帝国。

与对蒙元史做这样的历史定位直接相关的是，我们接下来应当如何来看待蒙元王朝统治西藏这段历史呢？说直白一点，既然蒙元王朝是一个跨越欧亚的世界帝国，那么它对西藏百余年的统治只能说明西藏曾经是蒙古大帝国的一个组成部分，它是否同时还能作为西藏在历史上是中国领土的一个组成部分的直接依据，就变成一个需要认真讨论的问题了。显而易见，对蒙元王朝做怎样的历史定位同时也将决定我们如何来认识西藏于中国古代历史上与中原王朝的关系。当然，在这个问题背后更加深层次的、更亟须讨论和解决的问题是，我们究竟可以如

---

① 参见《杉山正明谈蒙元帝国》，《殊方未远：古代中国的疆域、民族与认同》，中华书局，2016年，第175—184页。

何来定义"中国"和"中国古代历史"？[1]对元朝是不是一个中国的王朝的讨论与"何谓中国"的讨论必须紧密地联结在一起。[2]

二是对理解元朝的蒙古统治者与西藏地方宗教领袖之间的关系的纠结。对此有人主张这是一种建立在直接的政治、军事和经济统治下的君臣关系，也有人主张这是一种于施主（大汗）与福田（帝师）二者之间结成的纯粹的、平等的宗教关系。从不同的历史观和现实政治立场出发，人们对蒙古大汗和西藏喇嘛之间的关系做出了两种截然不同的解释和叙述。前一种从充分强调他们之间于政治上的主从关系开始，进而强调西藏曾经是元朝领土的一部分，所以也是中国领土的不可分割的一个组成部分。后一种则特别强调他们相互之间享有的平等的宗教关系，这在今天的国际政治语境中，就等同于否认西藏喇嘛对于蒙古大汗有政治上的隶属关系，进而也就是否认了西藏

---

[1]　参见葛兆光：《宅兹中国——重建有关"中国"的历史论述》，中华书局，2012年。

[2]　姚大力：《怎样看待蒙古帝国与元代中国的关系》，张志强主编：《重新讲述蒙元史》，三联书店，2016年，第20—29页；罗新：《元朝不是中国的王朝吗？》，《殊方未远：古代中国的疆域、民族与认同》，第185—199页。

是蒙元王朝的一个组成部分。[1]

毋庸讳言，对蒙元王朝与西藏和西藏喇嘛之间的关系所作的前述这样或那样二者必居其一的理解和解释或均失之简单和武断，也基本脱离了 Petech 等学者们用心研究和揭露的蒙元时

---

[1] 晚近几十年来，中国藏学研究的重中之重无疑是对西藏历史，特别是对中央王朝与西藏地方关系史的研究，为此中国学者投入了大量的努力，也取得了很多的成果。但是，在西方人看来，中国藏学家们所做的西藏历史研究不过是"作为宣传的历史"，是政府进行政治宣传的工具。迄今至少已经有两本英文著作问世，专门分析、批判中国学者对于西藏历史的建构和叙述，它们是 John Powers, *History as Propaganda: Tibetan Exiles versus People's Republic of China*, Oxford University Press, 2004; Anne-Marie Blondeau, Katia Bufftrille and Donald Lopez Jr., *Authenticating Tibet: Answers to China's 100 Questions*, University of California Press, 2008. 事实上，西方人对西藏历史的建构和叙述同样不可避免地充满了偏见和宣传的成分，他们对西藏历史之研究和认识的深度，特别是他们对西藏和历代中央王朝之关系的了解和认识，每每还远不如中国学者，但他们总觉得自己立场正确，真理在握，掌握着对西藏历史的最终解释权。西方媒体中流行的对西藏历史的叙述和解释是西方主流社会中的"西藏话语"（Tibet discourse）的一个组成部分，它们对西藏历史和汉藏关系的表述深切地受到这种主流话语的束缚和影响，甚至可以说，西方传媒中流行的西藏历史叙事就是西方"西藏话语"的直接创造物（Gegenstand der Konstruktion）。在这种背景下，即使是西方学者们自己所做的细致的、科学的历史研究往往也是被忽视的，更不用说是中国藏学家们的成果了。特别是当一些西藏历史研究的学术成果与流行的"西藏话语"中的说法不相一致，或者说它与我们眼下所处的这个时代的潮流（历史）背道而驰的话，它们只可能被当作是有意的政治宣传而被摈弃。从这个角度来说，要摆脱"一切真实的历史都是当代史"的魔咒，对于从事西藏历史研究的东西方学者来说都不是一件容易做到的事情。

代之西藏历史的实际。不得
不说,"新清史"也好,"大
元史"也罢,它们所研究和
叙述的清史和元史或多或少
是以我们今天所处的这个全
球化时代的眼光和观念为出
发点的,是以我们今天所处
的这个现实世界中的民族、
宗教和国家之间纷繁复杂的
矛盾、冲突为参照点的,它
们对于清史和元史的这种看
似新的理解和新的解释,事

图2-2　《殊方未远:古代中国的疆
域、民族与认同》

实上不但明显是一种后见之明,而且也很容易会脱离那个早已
过去了的社会的现实环境或者历史语境。具体到我们正要讨论
的主题而言,"大元史"的视角很容易用今天人们所希望或者
设计的元朝于中国或者于世界历史上的定位,来解释和叙述元
朝的历史,从而为其设定于中国历史乃至世界历史上的特殊地
位,并对蒙元统治者与西藏宗教领袖之间的政治和宗教关系做
出符合当下这个时代人们所期待的解释。

　　可是,不管眼下的学术观念和视角可以做何等样的变换

和更新，历史研究断然不应该背离我们正在研究的这段历史所发生时的历史语境，不能让过去发生的历史事件脱离它那个时代的历史时空，而把它置之于当下的时政关怀之中来考察和叙述。若说元代西藏史也很无奈地必须是"一部当代史"的话，那么，我们至多或可以借用今人的关注和观察角度，从过去了的那个时代的历史参与者们自己留下的第一手的文献（文本）之中寻求相关的历史信息，从中来考察和分析古人们自己当时对上述这两个问题的认识和解释。换言之，我们或可以把我们当下的视角和关心置放到当时的那个历史时代之中，通过阅读当时代西藏喇嘛（西番僧）们留下来的藏文文献资料，来考察当时的西藏僧众/史家是如何对蒙古大汗所建立的元朝作历史定位的，察看他们是如何认识和理解他们与蒙古大汗之间的这种"供施关系"的。只有通过这样的探索和考察，我们或可从中得到相应的启发，为我们今天对蒙元王朝与西藏地方之关系做出符合客观历史实际的解释提供帮助，同时也为我们理解蒙元王朝的历史定位提供新的视角。

一

对元代西藏史的研究或本应该就是"大元史"的一个重要组成部分，不但从地域范围来看，它属于"大元史"或者"新清史"家们所主张的欧亚或者内亚地区而不是中国历代王朝统治的中心地区，而且对它的研究必须借助藏语文历史文献，而借助蒙古、波斯、阿拉伯、藏文等非汉语文文献资料来研究蒙元时代的历史也正是"大元史"与传统元史研究相区别的一个重要内容。自20世纪80年代开始，元代西藏史的研究不管是在西藏学界，还是在蒙元史学界，都一直是一个相当热门的课题，也陆续出现了不少优秀的学术成果。但是，迄今为止出现的这些学术成果绝大部分都还停留在对这段历史本身的精益求精的传统的学术研究上面。近十余年来，大量有关西藏某地方／家族的藏文历史和宗教文献渐次被译介了出来，它们极大地丰富了我们对这段历史的知识和了解。① 可是非常令人遗憾

---

① 其中最值得一提的著作有Karl-Heinz Everding先生的系列研究，如他的 *Das Königreich Mang yul Gung thang, Königtum und Herrschaftsgewalt im Tibet der 13. – 17. Jahrhunderts*, Volume 1, 2, Monumenta Tibetica Historica, Abteilung I, Band 6, Bonn: VGH Wissenschaftsverlag, 2000; *Das Tibetische Furstentum La stod lHo (um 1265 bis 1642): Die Geschichte der Herrschaftsbildung nebst einer Edition der Chronok Shel dkar chos'byung*, Dr. Ludwig Reichert, 2006。以及 Tsering Gyalpo, Guntram Hazod and Per K. Sørensen, *Civilization at the Foot of Mount Sham-po: The Royal House of the lHa Bug-pa-can and the History of g.Ya'-bzang*, Wien: Verlag der Österreichischen Akademie der Wissenschaften, 2000; P. K. Sørensen, Guntram Hazod and Tsering Gyalpo, *Rulers on the Celestial Plain. Ecclesiastic and Secular Hegemony in Medieval Tibet, A Study of Tshal Gung-thang*, Wien: Verlag der Österreichischen Akademie der Wissenschaften, 2007.

的是，虽然时下常常可以听到有人对元代西藏史作这样或那样的解释、叙述，但通常他们都是由先入为主的观念出发，信口开河，以至危言耸听，他们多半无视中外学者们近几十年来对大量第一手的藏文历史文献的发掘和研究所取得的丰硕成果。迄今为止，我们还很少见到有人细致地观察过当时代（中世纪）藏族佛教史家们自己对这段历史的认识和解释。也就是说，在我们所关注的这个问题上，我们根本就没有听到那个时代西藏人自己发出的声音，这显然是今日蒙元时期西藏历史研究中一项亟待补救的缺陷。如前所述，今人若要知道蒙元时代及稍后的西藏史家们对元朝的历史定位和对蒙古大汗与西藏喇嘛之关系究竟持何看法，就必须广泛地阅读那个时代之西藏僧众／史家们留下的大量的第一手的藏文著作，必须对它们进行细致的文本分析和研究，以得出符合历史真实，且对理解现实的矛盾、冲突有启发意义的学术成果。

蒙元统治西藏时期，正是西藏史学书写传统最终形成，并迅速发展的一个重要时期。这一时期，西藏与中原之间的交通和交流畅通、频繁，藏传佛教高僧与汉族士人之间可以进行直接和深入的互动，以致大量诸如新、旧《唐书》一类的汉文历史文献于此时均被翻译成藏文传世，这显然对西藏史学书写传统的形成和发展有过十分重要的推动作用。藏文历史书写传统的最终形成或可以推搽里八万户长大司徒公哥朵儿只（Tshal pa Kun dga' rdo rje, 1309—1364）的《红史》（*Deb ther dmar po*）、沙鲁派创始人布思端辇真竺（Bu ston Rin chen grub, 1290—1364）的《布思端教法源流》（*Bu ston chos 'byung*）和萨思迦派名僧最妙上师锁南监藏（Bla ma dam pa bSod nams rgyal mtshan, 1312—1375）的《西藏王统记》（*rGyal rabs gsal ba'i me long*）这三部不同体裁的西藏最有名的历史著作的出现为典型代表，它们均成书于我们所关注的这个时代。也就是说，在14世纪中、后期，藏文历史书写形成了以"史册"（*deb ther*）、"教法源流"（*chos 'byung*）和"王统记"（*rgyal rabs*）为体裁的固定书写格式，其主要内容则定格为当时代藏族史家视野所及的一部世界佛教史，它们记载的多为围绕佛法形成、传播之历史而展开的印度、吐蕃、汉地、于阗、西夏、蒙古王统，以及吐蕃前、后弘期藏传佛教教法史。在这样固定划一的史学书写传统中形成的藏文史著，虽然数量巨大，但其内容千篇一律，大同而小异，西藏历史经受了一次彻底的佛教化过程，藏族史家于此似乎已经没有很多可以自由发挥的空间。

值得庆幸的是，在这个时代出现的数量巨大的藏文历史和宗教文献中，有一部直到20世纪80年代开始才广为人知的藏文史著——《汉藏史集》（*rGya bod yig tshang*），它令人意外地为我们目前所关心的这两个主题提供了很多极有参考价值的资料。《汉藏史集》写成于1434年，作者达仓宗巴·班觉桑布（sTags tshang rdzong pa dPal 'byor bzang po）的生卒年不详，但显然熟知元、明二朝更替的历史故实，他从一位西番僧人的角度，对元朝及其于西藏的统治做了十分独特的观察、评述和总结；我们今天可以通过他留下的这些相对而言比较原始的记载，大略看出当时代藏族史家对元朝在中国历史上的定位的基本看法。班觉桑布显然应该是一位属于萨思迦派的佛教史家，

图2-3　四川民族出版社所出版《汉藏史集》藏文本

他当时能够接触到与蒙元朝廷关系十分密切的萨思迦派寺院或上师们所收藏的大量蒙元朝廷与西藏地方交涉的档案文献资料，故《汉藏史集》中保留了大量不见于后世其他历史著作中的最珍贵的第一手藏文历史资料，有些还是对当时翻译成藏文的元朝官方历史文献的摘引。

更为难得的是，《汉藏史集》虽然没有完全脱离当时

业已成为藏文史学书写传统之定式的这种"王统记"和"教法源流"类的历史书写模式——见于《红史》和《西藏王统纪》中的相对一致和固定的内容也多见于《汉藏史集》之中，但与它们不同的是，《汉藏史集》在这类常规的内容之外，还名副其实地以"史集"（*yig tshang*，文书、档案库）的形式，异乎寻常地保留了大量不见于其他同时代藏文历史著作中的相对纯粹的第一手的世俗历史文献资料，其中有些是直接从元朝之汉文诏告、典籍中翻译过来的档案文献，它们对元朝廷在西藏之施政措施，如括户、设立驿站和开展军事行动等都极为罕见地保留了相当详细的纪录。此外，它对当时西藏之各个教派、家族的历史也都分别从宗教和世俗两个方面分不同的章节来进行叙述。可以说，《汉藏史集》是同时代出现的所有藏文史著中资料最为丰富和广泛的一种，是我们今天研究蒙元时代西藏历史的一部最重要的藏文文献。[1]事实上，Petech 对元代西藏史的精湛研究一大半就是建立在对这部重要藏文历史文献的翻译和研究之上的，他所利用的另一部重要的藏文历史文献是

----

[1]　sTag tshang rdzong pa dPal 'byor bzang po, *rGya bod yig tshang chen po*, Khreng tu'u: Si khron mi rigs dpe skrun khang, 1985；汉译本见达仓宗巴·班觉桑布著、陈庆英译：《汉藏史集——贤者喜乐瞻婆洲明鉴》，拉萨：西藏人民出版社，1985年。

元代伯木古鲁派万户长、大司徒赏竺监藏（Byang chub rgyal mtshan）的遗嘱《朗氏家族史》（rLangs kyi po ti bse ru）。[1]于所有藏文历史文献中，体裁、写法或可与《汉藏史集》媲美的只有五世达赖喇嘛的《西藏王臣记》（Bod kyi deb ther dpyid kyi rgyal mo'i glu dbyangs），后者同样不拘格式，也从世俗历史的角度对当时代西藏很多地方势力之历史的基本情况做了相对仔细的描述。与五世达赖喇嘛的《西藏王臣记》不同的是，《汉藏史集》的作者没有像五世达赖喇嘛一样，把他自己强烈的主观意志和当时代视角加入他笔下所描述的历史故事之中，从而对西藏的历史做了符合他自己利益的全新的叙述和解释。[2]

---

[1]　大司徒赏竺监藏（Tva si tu Byang chub rgyal mtshan）:《朗氏家族史》（rLangs kyi po ti bse ru rgyas pa），拉萨：西藏人民出版社，1986年。

[2]　Dalai Lama V Ngag dbang rgya mtsho, *Bod kyi deb ther dpyid kyi rgyal mo'i glu dbyangs*, Beijing: Mi rigs dpe skrun khang, 1982 (1988). 最近 Ruth Gamble 和 Yangmotso 二位学者合作对大司徒赏竺监藏和五世达赖喇嘛的王权思想进行了研究，她们对大司徒的《朗氏家族史》和五世达赖的《西藏王臣记》中有关大司徒的个人作为，特别是他对王权的看法的记载，做了十分细致的分析和比较，从中可以明显地看出五世达赖完全是按照他自己当时对王权、对菩萨皇帝的设想，改造或者重新塑造了大司徒赏竺监藏的个人作为和他的菩萨皇帝形象。参见 Ruth Gamble & Yangmotso, "Servant-like Lords and Heavenly Kings: Jangchup Gyeltsen and the Fifth Dalai Lama on Governance and Kingship", *Cahiers d'Extrême-Asie* 24, *Kingship, Ritual, and Narrative in Tibet and the Surrounding Cultural Area*, Kyoto, 2015, pp. 169−188.

本章将试图通过阅读《汉藏史集》这个藏文文本，借助作者所代表的当时代西藏僧众的眼光，来考察中世纪藏传佛教史家对蒙元王朝之历史定位和对蒙古皇帝与西藏喇嘛之间的关系的理解和看法。

三

我们首先来分析一下《汉藏史集》中对蒙元王朝与中国古代其他王朝之间的关系的描述，以此来考察中世纪藏族史家对元朝在中国古代历史上的定位的理解。如前所述，传统的蒙元史研究自然地将元朝作为中国古代史上连接宋、明的一个王朝，而从"大元史"的视角来看，元朝超越了中国古代历史的范畴，是世界史上开创了一个新时代的跨越了欧亚的大帝国。那么，当时代的西藏史家又是如何来看待蒙元王朝与中国其他历代王朝之间的关系的呢？

与其他同时代出现的藏文史著一样，《汉藏史集》中对印度、吐蕃、于阗、汉地、西夏和蒙古王统都独立成章地予以叙述。14、15世纪的西藏佛教史家显然不像今天的历史学家们一样具备全球史或者欧亚史的视角，在他们当时的知识结构中也缺乏像民族和国家这些今天听起来十分敏感和复杂的概念，所以通常他们只是简要地排列和叙述上述各地区的王统。除了有意无意地要将各地的王统都与印度的王统，或者释迦牟尼家族拉上裔传关系以外，他们对各地区王统的叙述通常没有明显的正朔和道统上的主次和高低的区别。而将上述各地区之王统以及佛教在这些地区传播的历史汇聚在一起，便是中世纪藏传佛教史家眼中的世界佛教史，或者世界史。《汉藏史集》与其他"王统记"或者"教法源流"类著作不同的是，它的最精彩和最核心的内容是对元朝西藏历史的叙述，其中保留了不少未经佛教史家之手裁剪和压缩的原始文献资料，从中我们可以相对清楚地看出当时代的西藏人对蒙古皇帝统治下的元朝的历史定位的看法。

首先，在《汉藏史集》中的"汉地王统"一章中，我们可以醒目地看到作者把蒙古王统和汉地王统这两个部分的内容部分地整合到了一起，由此可以看出作者很明确地把蒙元王朝看成了汉地王统的一个组成部分。它对自唐末至明朝前期的汉地王统是这样叙述的：

> 唐朝皇帝之时，有名黄巢者造反称帝。复有名朱温者为大臣，投归唐朝，被枢密院任为军官，其后复叛唐，抢夺皇位，遂有梁朝皇帝之传承，及其诸不同民族建立的五个朝代，共传十五帝，御皇位五十年整。其后，有名宋

太祖者称帝，于汴梁建国，传八代；至第八代，有称契
丹大辽者，从和尚（钦宗）父子手中，夺取汴梁等半壁江
山，建国称大辽。和尚（钦宗）之子名康王者，逃亡蛮子
之地，占据其父王之半壁江山，被蒙古称为南家台，驻建
康、杭州，建立王国，自康王至合尊于蛮子地传八代。契
丹大辽之王位传八代之后，有大臣名阿保机者，夺取王
位，传其子阿尔坦汗，传九代，建国名大金。至第九代
哀王，蒙古成吉思皇帝于其手中夺取了王国。蒙古王国
（hor gyi rgyal khams）被称为"大元"，有［志书］名《大
元通志》者，对王国的［政教］两种法律制度的细则有明
确的说明（rgyal khams la ta'i dben zer bas/ tva'i dben thong
ji'i deb ther bya ba'ang rgyal gyi khrims gnyis kyi bya ba phra
rags thams cad kyi bkod pa / deb ther de nang du gsal ba'o），
欲知其详者，当见《大元通志》。——自汉地王统传承之
最后一位皇帝哀王手中，蒙古成吉思皇帝于阳土虎年夺取
王国之疆土，传十五代，历一百五十一年，于蒙古统治
汉地的最后一位皇帝（hor gyi rgya nag bzung ba'i rgyal po
rting ma）妥懽贴睦尔皇帝手中，汉大明皇帝于阳土猴年夺
取了皇位，在位三十二年。其后，永乐皇帝在皇位二十二
年，与大乘法王建立了供施关系。其后，洪熙皇帝在位七

月，宣宗皇帝在位十二年，英宗皇帝在位十四年，于阳铁马年八月十六日，被蒙古大臣也先于土木堡俘获。景泰皇帝即于此铁马年登基，至今之狗年已经过去了五年。这位皇帝乃上师之弟子，善习喜金刚、大威德等密法，崇敬佛法。[1]

显而易见，于此藏族史家把自唐末以来你方唱罢我登场之各个民族建立的政权（王朝），包括五代、十国和宋、辽、金等，均置之于汉地王统的名义之下，对它们不区分正朔，各自皆为正统。对元朝虽然有"蒙古之王国"之称呼，但它常与"汉地之王国"（rgya nag gi rgyal khams）重合，藏族史家明确地将蒙古王统整合进了汉族王统之中。值得注意的是，于此，藏族史家把成吉思汗立国作为蒙古国的开始，所以并不把蒙古王国直接与宋朝连接，而是把它作为从金国夺取的政权，金在此前已经取代了宋。这可以说是一种有别于中国传统史家的对中国古代历史新视角，虽然蒙古王国并非连接宋、明，而是连接金、明的一个统治汉地的王朝，但它的历史自然是中国古代历史的一个组成部分。

---

[1] *rGya bod yig tshang chen po*, pp. 114–117. 此处自译为汉文。

于随后的"蒙古王统"一章中,《汉藏史集》将蒙古王统区分成了明显的两个部分,即将蒙古始祖勃儿帖赤那至成吉思汗前的十九代作为"大蒙古［国］王统"（Chen po hor gyi rgyal rabs）,也即是统治蒙古地方的大汗世系（hor yul rang tu rgyal rgyud, rgyal rabs bcu dgu hor yul du byung ngo）。而从元太祖成吉思皇帝（tha'i dzung jing gir rgyal po）开始的十五代蒙古皇帝则被视为统治汉地的蒙古［大元］皇帝世系（rgya nag rgyal sa bzung ba'i hor rgyal po,或曰"持汉地王位的蒙古皇帝"）,他们统治汉地长达一百五十一年。从成吉思汗开始,《汉藏史集》中对蒙古皇帝的称呼通常使用"皇帝"的称号,或称rgyal po,或称gong ma,例如成吉思汗被称为"成吉思皇帝"（Jing gir rgyal po）。虽然,自成吉思汗开始的蒙元王朝皇帝有时依然被称为"蒙古皇帝"（hor kyi rgyal po）,但他们更经常被称为"大汉王国"（rgya nag gi rgyal khams chen po）的皇帝,蒙古人对元朝的统治被认为是"蒙古人执掌了汉地大唐之朝政"（hor gyis rgya nag tang gi rgyal srid bzung ba）,而元朝的灭亡于西藏史家眼里无非是蒙古人丢失了"汉地王土［王位］"（rgya nag rgyal sa 'phyugs pa）,是汉人"大明皇帝"从蒙古皇帝手中夺回了汉地的王土［王位］（rgya ta'i ming rgyal pos rgya nag gi rgyal sa blang

图2-4　台北故宫博物院所藏元太祖成吉思汗肖像画

nas）。① 总之，尽管西藏史家称蒙古统治者为"蒙古皇帝"，但对他们统治下的国家则多称为"大汉王国"（rgya nag gi rgyal khams chen po），"大元"执持的是"大唐"的朝政，此即是说，他们对元朝的定位与rgya nag，或汉地之王国的定位是一致的。

《汉藏史集》对蒙元王朝作这样的定位显然不只是一个孤例，对此我们也可以引伯木古鲁派万户长大司徒赏竺监藏（1302—1364）对元朝皇帝的看法作为相同的例证。这位元末乌思藏最有权势的地方豪强，曾被有些现代西方史家称为西藏历史上最早有民族自觉意识的西藏政治人物，说他曾首次尝试统一西藏，结束蒙古与萨思迦派在西藏的联合统治。可是，赏竺监藏却在他的遗嘱中如此明确地告诫其后人曰："东方皇帝过去曾眷顾过我们，若现在依然眷顾［我们］，则我等当遵守国

① *rGya bod yi tshang*, pp. 253–269.

王的法律，做好迎送［朝廷之］金字使者之服务等。"① 显然，大司徒赏竺监藏于此将元朝的"蒙古皇帝"与"东方的皇帝"等而视之，换言之，他将蒙古人统治下的大元王朝与东方的 rGya nag gi rgyal khams chen po，即东方的"大汉王国"等而视之。我们或可以这样认为，虽然大司徒赏竺监藏在乌思藏本土已经拥有了无可置疑和不可挑战的政治和军事优势，但凌驾于西藏之上的"东方的皇帝"的存在对他来说也早已是习以为常的事实，"民族自觉意识"这样的概念对他来说显然还是十分陌生的，他宁愿做一位"仆从式的主子"（servant-like lord）。②

值得再次强调说明的一个现象是，藏族史家心目中的"大汉王国"（rGya nag gi rgyal khams chen po），或者说"汉地王土［王位］"（rGya nag rgyal sa），与汉族史学传统中被视为正统的宋朝，或者南宋是有明显的区别的。特别是对于南宋小朝廷，它显然不可与藏族史家眼中的"大汉王国"等而视之，前者常常被称为"蛮子的国土"（sMan tshe'i rgyal khams），所以，成吉思皇帝并不是从南宋皇帝手中抢夺了对大汉王国的统

---

① 大司徒赏竺监藏（*Tva si tu* Byang chub rgyal mtshan）:《朗氏家族史》（*rLangs kyi po ti bse ru rgyas pa*），西藏人民出版社，1986年，第428页。

② 参见 Gamble 和 Yangmotso 上揭文。

治权，而是或者从金哀王手中夺得了政权，或者从西夏人手中夺得了政权。于此可见，金和西夏两个王国所统治的王朝（国土）显然也被藏族史家归属于他们视野中的"大汉王国"之中了。从今天的角度来看，这是一种很开明和先进的中国古代历史观，无疑它也更符合当时中国古代历史发展之实际。

《汉藏史集》所见"蒙古王统"一节中有称："阳土虎年，成吉思皇帝年三十又三，依仗武力从木雅甲郭王之后做了唐之皇帝的一位名脱孜的国王手中夺取了王位，以蒙古人执持汉地唐之朝政达二十三年之久。"① 这段话更明确地表明，中世纪藏族史家对以"唐"为标志的"大汉王国"之统治者的民族属性并没有像今天的历史学家们那么敏感，他们把严格说来均非汉族统治的各个王国都纳入了"大汉王国"的范畴之中。显然，"严夷夏之辨"只是古代汉人所执持的一种十分保守的外交观念，对于元代的蒙古人、西藏人来说，不同民族入主"大汉王国"并不是一件不可思议和不可接受的事情。当然，即使是元代的汉族士人也大多慢慢地接受了蒙古人的统治，认为这是天命所归，他们对外族统治的排斥远没有后人想象的那么严重。

对此，我们或还可以从《汉藏史集》中有关被其称为"蛮

---

① *rGya bod yig tshang*, pp. 254–255.

子之王子合尊"（sMan tshe'i rgyal bu lHa btsun）的南宋末代皇帝，和被其称为"大明皇帝"（ta'i ming rgyal po）的明太祖洪武皇帝朱元璋的故事中得到更清楚和形象的说明。《汉藏史集》中对南宋末代皇帝的记载是这样的：

> 古时，当上都皇宫被蒙古人以大火焚烧之时，蛮子之王子虽敬重蒙古皇帝，但依然无法脱离［厄运］，被逐出了家园，遂往萨思迦，修习佛法，追随其者甚众。是时，蒙古皇帝之卜者曰：或有西方之僧人谋反，抢夺王位。［皇帝］遂遣使者往视，见蛮子之合尊，为众随从环绕，回禀皇上。［皇上］遂下令杀之。往杀之际，合尊曰："我无谋反之意，若必杀我，来生必将夺取蒙古之皇位。"其后，他转世为大明皇帝，抢夺了蒙古之皇位。据说蛮子合尊被杀之际，流的不是血，而是乳汁。①

从这段记载中我们可以看出，这位命运多舛的南宋末代皇帝（蛮子合尊）一生经历了两次十分戏剧化的身份转换，先从南宋的皇帝转换成了"西方的僧人"（nub phyogs kyi ban de,

---

① 　*rGya bod yig tshang*, pp. 259–260.

西藏的喇嘛），后含冤被错杀，遂再转世为"大明皇帝"，并最终从蒙古皇帝手中重新夺回了失落已久的大汉皇位。从对这个故事的描述方式中，我们可以看出藏族史家对这位"蛮子合尊"充满了同情，在蒙古皇帝和蛮子国的皇帝之间，西藏史家似乎并没有作出厚此薄彼的评价，也许虽然合尊曾经是蛮子国的皇帝，但在《汉藏史集》的作者这里，他和自己一样，同是"西方的僧人"，甚至同是萨思迦派的高僧。①

对蒙古皇帝为何失去汉地之皇位的原因（rgya nag rgyal sa 'phyugs pa'i nyer len）和"大明皇帝"何以能夺取蒙古人的皇位，《汉藏史集》中也作了非常有趣的叙述。其中提到"大明皇帝"原为一位下层汉僧，被迫代替一位十户长从军，待其势力渐长，直至控制了一个行省的地盘时，他向蒙古皇帝请赐王位，并表示愿意归顺蒙古皇帝的统治。然而，因其非蒙古大根脚出身，蒙古皇帝拒绝了他的封王请求。于是，这位被激怒了的汉僧继续扩张其势力，图谋最终要推翻蒙古人的统治。令人

---

① 关于蛮子合尊的生平事迹参见王尧：《13—14世纪藏传佛教萨思迦派合尊大师遗事考辨——南宋少帝赵显的下半生》，香港大学饶宗颐学术馆，2013年。或值得一提的是，我们最近在重印的《大理丛书》中发现了一部题为《吉祥喜乐金刚［中国］自受主戒仪》，署名"大成就师发思巴辣麻传、持咒沙门达宗着思吉冷禅译"，原藏于云南省图书馆中。这位译师"达宗着思吉冷禅"当即指 lHa btsun Chos kyi rin chen，即宋恭帝合尊上师。

难以置信的是，最终为这位"大明皇帝"夺取蒙古皇位提供了合法依据和信心的竟然是这样一个被他认为是吉兆的故事，即他的一位牙牙学语的儿子竟然说话、动作酷似蒙古皇帝，于是他便认定自己一定能够夺取蒙古人之皇位（hor gyi rgyal sa 'phrog thub par nges so）。①

就在上面转述的同一个段落中，作者既称蒙古皇帝失去的是"汉地的王位"，又称"大明皇帝"从蒙古皇帝那里抢夺到的是"蒙古的王位"，这二者看起来似有冲突，然或可说明的是，于当时作者的视野中这二者本来就有明显重合的部分。这个故事也让我们想起一系列与此相关的传说，如传闻明成祖永乐皇帝朱棣原本是元顺帝妥懽贴睦尔的妃子弘吉剌氏所生的儿子，而元顺帝妥懽贴睦尔实际上又是蛮子合尊，即南宋末代皇帝宋恭帝的儿子等等。这类传说或表明当时人们对皇帝的族属并没有像今人那么在意，相反他们对失去了王位的皇帝都有相同的深切同情，不管他是汉人，还是蒙古人，都希望他们的王统能够以一种曲折的传承方式继续下去。②

还值得一提的是，《汉藏史集》中还专门对蒙古王朝所用

---

① *rGya bod yig tshang*, pp. 261-264.

② 有关明成祖的传说，参见陈学霖：《明初人物、史事与传说》，北京大学出版社，2010年。

的"大元"这个名称做了解释，它说："古代唐皇称〔三皇〕五帝之时，国名曰唐者，取其国家喜乐之意。其后，禹为国王时，国名号为夏，其意为再造国家之功德。其后各朝，均以朝代名为国家之名，不再另取国名。蒙古成吉思皇帝定国名为"大元"者，盖取《易经》中'乾元'之义，既喻其广大也，亦曰其为真实、坚固之皇位也。"这段话当来自元世祖忽必烈时代所下的《建国号诏》，后者大概于当时已被翻译成了藏文，《汉藏史集》于此作了综述性的引用，①这表明西藏史家对元朝与蒙古皇帝在中国历史上的定位与描述，基本上接受了元朝时蒙古人自己对其所建立的朝廷的定位，即不但将蒙古皇帝称为统治汉地的皇帝，而且还将元朝视为于汉地建立起来的、但已

---

① *rGya bod yig tshang*, pp. 269–270; 忽必烈汗的《建国号诏》全文如下："诞膺景命，奄四海以宅尊；必有美名，绍百王而纪统。肇从隆古，匪独我家。且唐之为言荡也，尧以之而著称；虞之为言乐也，舜因之而作号。驯至禹兴而汤造，互名夏大以殷中。世降以还，事殊非古。虽乘时而有国，不以利而制称。为秦为汉者，著从初起之地名；曰隋曰唐者，因即所封之爵邑。是皆徇百姓见闻之狃习，要一时经制之权宜，概以至公，不无少贬。我太祖圣武皇帝，握乾符而起朔土，以神武而膺帝图，四震天声，大恢土宇，舆图之广，历古所无。顷者耆宿诣庭，奏章申请，谓既成于大业，宜早定于鸿名。在古制以当然，于朕心乎何有。可建国号曰大元，盖取《易经》'乾元'之义。兹大冶流形于庶品，孰名资始之功；予一人底宁于万邦，尤切体仁之要。事从因革，道协天人。於戏！称义而名，固匪为之溢美；孚休惟永，尚不负于投艰。嘉与敷天，共隆大号。"

经超越了因袭爵邑之名而立国的秦汉和隋唐这样的古代王朝的一个更伟大的大元帝国。①

众所周知，元朝首任帝师八思巴曾在其名著《彰所知论》所记"蒙古王统"中将成吉思皇帝和元世祖忽必烈汗称为统治了自东方之大海开始，包括瞻婆洲北方大部分地区的一个广大帝国的"转轮圣王"。②而这样的观念显然已为包括《汉藏史集》的作者在内的中世纪藏族史家们所普遍接受，但蒙古转轮圣王统治下的这个帝国，在藏族史家看来显然不是整个瞻婆洲（世界），而是主要包括汉地、蒙古和吐蕃三大部分的"大元"，其中汉地是其最主要和核心的部分。正如八思巴在其所造的一份献给忽必烈汗的赞颂中所说的那样，蒙元王朝"依蒙古第五代大皇帝忽必烈之福德吉祥，令一切王国终成一统，尤以立国已久，王统未曾断绝，国政稳固，被称为蛮子的疆土广大的王国，也归属于人主之足莲，富饶之光芒遍满了及至大海之边的

---

①　有学者认为"大元"或与"大蒙古国"同义，它超越元朝，当包括整个大蒙古帝国，参见萧启庆：《说"大朝"：元朝建号前蒙古的汉文国号——兼论蒙元国号的演变》，同氏：《内北国而外中国——蒙元史研究》，中华书局，2007年；金浩东：《蒙古帝国与"大元"》，《清华元史》第2辑，商务印书馆，2013年，第30—32页。

②　参见沈卫荣：《再论〈彰所知论〉与〈蒙古源流〉》，《中研院历史语言研究所集刊》，第七十七本第四分，2006年，第697—727页。

大地坛城。"①

四

如前所述，经过 Petech 以及 Herbert Franke（1914—2011）、陈得芝、陈庆英、Everding 先生等一批优秀中外学者们的精心研究，我们对蒙元王朝于西藏长达百余年的统治已经有了相当清楚的了解。②我们知道，早在蒙哥汗（1209—1259）在位期

---

① 'Phags pa Blo gros rgyal mtshan, "bsNgags 'os la bsngags pa'i rab byed"，'*Gro mgon 'phags pa'i bka' bum, Sa skya bka' 'bum*, Vol. 15, p. 739; 这份颂辞写于1275年，是八思巴帝师专门为祝贺忽必烈汗最终征服南宋而造，写于萨思迦寺。它也在《汉藏史集》中所记录的《伯颜传》中被部分地援引，见 *rGya bod yig tshang*, pp. 287-288。

② 严格说来，上述这些学者中只有 Franke 和陈得芝先生是汉学家出身的蒙元史家，而其他几位学者都是西藏学家。西藏学家们对元代西藏历史的研究自然与蒙元史学者的视角不同，也不会像后者一样受到传统中国古代历史研究的各种条条框框束缚，他们是从整个西藏历史的角度出发，把元代西藏史当成是整个西藏历史的一个重要组成部分来研究的，所以，他们会利用大量的藏文文献，并尽量多地挖掘西藏各地方、寺院历史的具体细节，而不专注于对元朝西藏地方与中央政府之关系问题的研究。需要指出的是，即使是 Franke 和陈得芝先生，他们研究元代西藏历史时所采取的学术方法或也更接近于"大元史"的学术取径，他们同样重视藏文文献和对西藏本土历史的研究，充分吸收藏学家们的相关成果，但显而易见的是，正因为他们对整个元朝的历史，特别是对元朝的制度史的了解远比藏学家们要广泛和深刻得多，所以他们对元代西藏历史的研究和见解显然有着与藏学家们不同的视角和起点，他们或可以从藏学家们提供的资料中看出更多的与整个元朝历史相关或者相一致的历史内容。而正是因为藏学家和蒙元史家的通力合作，元代西藏历史研究在前几十年内取得了巨大的成就。

间，蒙古军队就已经开始了对西藏的军事征服，并将其新征服的土地分割成为蒙哥汗本人及其皇弟忽必烈、旭烈兀和阿里不哥等诸位皇子的份地。在忽必烈汗执掌大蒙古国政权和建立元朝的过程中，蒙元王朝先渐次在西藏括户、建立驿站、摊派兀剌差役，然后在此基础上设官分职，先于乌思藏纳里速古鲁孙地区设立了乌思藏十三万户（*dBus gtsang gi khri skor bcu gsum*），接着于乌思藏、朵甘思（mDo khams）和朵思麻（mDo smad）三个地区分别设立了三个宣慰使司都元帅府，再于元中央政府设立了宣政院，由帝师兼任院使统领，专门管理西藏和全国之释教事务，由此建立起了蒙元王朝自中央至地方统治西藏的一整套制度。无疑，说元朝中央政府有效地统治了西藏地方是符合元朝当时的历史事实的，包括乌思藏纳里速古鲁孙（dBus gtsang mNga' ris skor gsum, 今前、后藏和阿里三围）、朵甘思（今西康）和朵思麻（今安多）三个宣慰司，即藏文献中所称的"西番三道"（bod kyi chol kha gsum, 准确地说当为"西番三道宣慰司"）确实曾经是元朝领土的一个组成部分。

对于这一事实，中世纪西藏史家们毫不讳言，相反津津乐道，他们甚至很急切地要表明"西番三道［宣慰司］"虽然没有被元朝中央政府正式列为行省，但其实际地位与元朝所分设的十个行省完全相等。例如,《汉藏史集》在叙述乌思藏十三万户和西番三道宣慰司建立之后专门做了如下一段补充说明:"蒙古薛禅皇帝时,在其治下共有十一个行省,其名称分别为大都皇城之内的中书省,[皇城]之外的河南省、岭北省、甘肃省、四川省、云南省、江浙省、江西省、湖广省、辽阳省等;西番三道[宣慰司]地面不足一个行省,但由于它是上师居住的地方,也是佛教昌盛的地方,所以它们也被算作是一个行省,遂称元朝有十一个行省。"[①]西藏史家通常就是用这样的说法来表明西藏于整个元朝行政统治制度中的实际定位的,即将西番三道宣慰司作为一个具有特殊地位的行政区划,列为元朝十一个行省之一。虽然,在汉文文献中没有出现直接将"西番三道宣慰司"视为元代的一个行省的记载,但藏文史籍中流行的这个说法与当时的历史现实无疑是基本符合的。就像元大都及其周围的腹里地区直属于元朝中央政府的中书省管辖,故不另外分划行省管理一样,吐蕃三道宣慰司直接属于元中央政府的宣政院管辖,故也不再另设省管理。而以《汉藏史集》的作者为代表的西藏史家显然很乐于将西藏(西番三道宣慰司)视为蒙元王朝的一个组成部分的态度与清末开始有藏族史家刻意否认

---

①   *rGya bod yig tshang*, pp. 270–271.

这一事实的做法形成了十分鲜明的对比。

　　显然，中世纪西藏史家对蒙元王朝与西藏地方关系的这种认识并没有一成不变地为其后人所接受，随着元以后中央王朝与西藏地方之关系的不断变化，后世西藏史家对元代西藏历史的解释也随之有了变化和发展。近世以来，受现实政治的影响，有一些藏族史家开始在中世纪史家曾经提到过的所谓"供施关系"（yon mchod 或者 mchod yon）上大做文章，试图用这个说法来重新解释蒙元时代元朝与西藏的关系。至少自元代成书的《红史》开始，藏族史家就开始津津乐道蒙古皇帝（忽必烈汗）与萨思迦派上师（八思巴帝师）之间建立的一种听起来十分宗教化的"施主"（yon bdag，patron）和"福田"（mchod gnas, priest）的关系。而近现代倾向于西藏独立的史家／宣传家虽然并没有仔细考察这种"供施关系"于元代西藏历史这个语境中的实际意义，却都极

图2-5　八思巴像，13世纪唐卡，西藏博物馆藏

力宣传这种"供施关系"说，着重强调这种关系的宗教性质，借以否认历史上的西藏与元朝或者清朝之间有可能存在的政治隶属关系。

对西藏历史上蒙古皇帝与萨思迦上师之间的"供施关系"做了权威解释，并造成了相当持久影响的是旧西藏噶厦政府的孜本（财政大臣）夏喀巴旺秋德丹（Rtsis-dpon Zhwa sgab pa dBang phyug bde ldan, 1907—1989）先生。在他的一部于20世纪六七十年代问世的《西藏政治史》中他对"供施关系"作了这样的解释：

> 上师以传播教法和给人带来和平这样的方式行事，并作教法授受。施主则［为上师］提供必需的财政援助，以保证这样的方式可以长期持续。如此，我们可以沿着这样的思路来描述存在于蒙古和西藏之间的这种施主和供养者之间的关系。不过，这不能根据西方的政治行为方式来予以解释。如果西方人认真地分析以上记载［即作者对忽必烈和八思巴之间的关系的记载］，那么可汗作出的他不会违背八思巴活佛之意愿而行事的表白就是对八思巴是西藏之最高权威的明确承认。同样，可汗向他求法的方式，以及向他表达敬意、在他征服南中国时向他求法、赐给他官

印和崇高的封号、陪伴他前往朵思麻，以及按照上师的旨令在西藏进行括户等等，所有这些不只是仅仅表明这两个国家之间进行了互相的合作，并对彼此显示了最高的尊重，而且也表明二者之间没有高低、主从的分别。因此，基于这种供施关系，[我们看到]直到清或者"满洲时代"于1911年，即第十五胜生的铁猪年结束为止，在西藏和汉地之间存在的活动都以以上所描述的一种相互的供施关系相称。①

夏喀巴的这一"供施关系"说出台之后，一开始西方的学者们对这种"供施关系"的理论和事实纷纷表示难以理解，因为他们找不到与其相应的、确切的西方词汇，所以难以给它作确切的定义。事实上，曾经长期充任英印政府驻西藏外交官的英国老牌藏学家黎吉生（Hugh E. Richardson, 1905—2000）先生早在夏喀巴的著作出版以前就曾经注意到藏文史书中出现的"供施关系"说，称其为"一种纯粹的中亚概念"（a purely Central Asian concept），认为"这是一种很有弹性的、灵活的观

---

① 孜本夏喀巴：《西藏政治史》（藏文版），中国社会科学院民族研究所历史研究室藏族史组，1976年，第301页；其英译文参见Sperling上揭2004年文，第19—20页。

念，无法用现代西方政治中现成的词汇来翻译它。在这个［关系］中不存在对主导或从属的确切定义，这种关系的实际意义只能借助当时的具体事实来解释。"[1] 后来，国际佛学研究会前主席、著名印藏佛学家David Seyfort Ruegg先生专门对早期藏文文献中出现的"供施关系"这个宗教/社会和宗教/政治概念做了仔细的辨析，并对这个概念在印藏佛教语境中的可能的意义做了探索，他认为"供施关系"这个概念或许是西藏史家们专门创造出来的一个特殊的政治／外交概念，它无法在现代西方政治、宗教学术体系中找到一个与其相对应的词汇和概念，以对它做出西方人相对容易理解的解释。[2]

尽管如此，这种"供施关系"说很快就开始流行了起来，人们开始借助这种说法来强调蒙古皇帝与西藏喇嘛之间的宗教

---

[1]　参见 Hugh E. Richardson, *A Short History of Tibet*, New York, 1962, p. 42.

[2]　David Seyfort Ruegg, "*Mchod yon, yon mchod* and *mchod gnas/yon gnas*: On the Historiography and Semantics of a Tibetan Religio-social and Religio-political Concept", Ernst Steinkellner, ed., *Tibetan History and Language: Studies Dedicated to Uray Geza on His Seventieth Birthday*, Vienna, pp. 441–453; "The Preceptor-Donor Relation in Thirteenth-Century Tibetan Society and Polity: Its Inner Asian Precursors and Indian Models", Gray Tuttle and Kurtis R. Schaeffer, ed., *The Tibetan History Reader*, New York: Columbia University Press, 2013.

关系，同时也否定二者之间的政治隶属关系。人们越来越乐于接受这种表面看来是非政治化地看待历史，而其内在则具有更明显和深切的现实政治关怀的解释。人们更乐于将"供施关系"看成是蒙古施主与西藏喇嘛之间在相互平等、互利互惠的基础之上建立起来的一种纯粹的宗教关系，喇嘛们为蒙古皇帝祝祷祈福，提供宗教服务，而蒙古皇帝则利用其军事力量为西藏喇嘛提供政治上的特权和保护，并给予经济上的支持。[①]后来，还有人竟然把元朝蒙古皇帝与西藏喇嘛之间的这种"供施关系"说延伸到了对18世纪的清王朝与西藏地方之关系的解释上，例如Michael van Walt van Praag先生就曾经这样说过："这种［供施］关系不仅仅在元代皇帝们和西藏的萨思迦派喇嘛之间，而且也在更晚近的历史，即在清朝的皇帝们和诸达赖喇嘛

---

① "The patron (*yon* or *yon bdag*) provides the military power to enforce the temporal prerogatives of the lama, who in turn devotes himself to the religious needs (*mchod* or *mchod-gnas*) of the patron." T. V. Wylie, "The First Mongol Conquest of Tibet Reinterpreted", *Harvard Journal of Asiatic Studies* 37, 1977, p. 119. 对于施主与福田之间存在的平等关系，匈牙利藏学家 Janos Szerb 曾予以明确的否认，他从八思巴帝师自己的作品中找到了明确的文献证据，说明八思巴自己承认他与忽必烈之间无可置疑的主从关系。参见 Janos Szerb, "Glosses on the Oeuver of Bla-ma 'Phags-pa: III. The 'Patron-Patronized' Relationship", Barbara Nimri Aziz and Matthew Kapstein, eds., *Soundings in Tibetan Civilization*, Manohar, 1985, pp. 165–173.

之间，形成了未来独特关系的基础。""这种宗教的供施关系无法用当下的法律词汇来适当地对其归类或者定义，它必须被视为一种独特的关系。""因此，必须达成这样的结论，即十八世纪的清朝和西藏关系，由于它正式地和唯一地建立于供施关系的基础之上，包含了保护国措施的最具有典型意义的特征，尽管它们常常被当作清廷的朝贡关系来理解了。"①将清朝皇帝和达赖喇嘛的关系与蒙古皇帝和萨思迦派上师（帝师）之间的关系相提并论，并把"供施关系"作为一种方便的解释工具来解释这两种属于两个完全不同的政治／历史时代的、截然不同的政教关系，无疑是十分牵强和非历史的，它没有任何说服力。

正如Ruegg所建议的那样，"供施关系"当是藏族史家专门创造出来的用于描述蒙古皇帝与藏传佛教萨思迦派上师之间的特殊关系的一个政治—外交术语，它不但无法与现代西方任何政治、宗教和法律术语相对应，而且也难以于世界历史上找到可与其相匹配和比较的实例，是故，我们确实必须依据如他所说的对"当时代的具体事实"的分析来理解这种"供施关系"的实质，必须把它放置于藏族史家描述这种关系时的具体的语言的和历史的语境中来对它进行具体的分析，从而对它做出比较合理的

①　Michael van Walt van Praag上揭1987年书，第5、12、127页。

解释。而《汉藏史集》中正好多处提到了蒙古皇帝与萨思迦上师之间的"供施关系"，并对其所包含的实际内容做了相对详细的说明和解释，可为我们做这样的分析提供相应的文献资料依据。

于藏文文献中对元朝皇帝与西藏喇嘛之间的供施关系的描述通常有两种不同的方式，一种是泛泛地称"蒙古［皇帝］与萨思迦派［上师］建立了供施关系"（hor sa skya pa yon mchod du 'brel），另一种则专指蒙古薛禅皇帝忽必烈汗和元朝帝师、萨思迦派上师八思巴喇嘛结成了供施关系。在《汉藏史集》等较早期的藏文历史文献中更强调前者，而后世的藏文、蒙古文编年史中则更强调后者，因为忽必烈和八思巴"如同日月般"天然组合成的这种供施关系，俨然是后世西藏喇嘛寻求与蒙古可汗或者清朝皇帝缔结供施关系时可以仿效的楷模。所以，后世藏文、蒙古文史著中对三世达赖喇嘛和俺答汗、五世达赖喇嘛和固始汗之间缔结供施关系之故事的描述都是以八思巴帝师和忽必烈汗之间的关系为原型而

图2-6　台北故宫博物院所藏元世祖忽必烈肖像

展开的，看起来它们不过是历史的惊人的重复。

《汉藏史集》曾对蒙元王朝之王统做了如下的总结："自成吉思于土虎年（1218）执持朝政开始，至妥懽贴睦尔于土猴年（1368）败走蒙古为止，［蒙古十五代皇帝］护持朝政共一百五十一年。自萨思迦班智达于阴火羊年（1247）到达凉州与阔端汗会见开始，到土猴年（1368）为止，蒙古与萨思迦结成供施关系，历一百一十六年，作明了教法之道。"[1]于此，它不但明确了蒙古汗王与萨思迦上师结成"供施关系"的时间，这段时间基本上就是藏族史家认为的蒙元王朝实际统治西藏地方的时间；而且也明确了这种关系的功用，即"作明了教法之道"（bstan pa'i srol gsal bar mdzad pa）。看起来，蒙古皇帝和萨思迦上师之间确实有过明确的分工，前者负责"护持朝政／政权"（rgyal srid bskyangs pa），后者则护持教法。在《汉藏史集》中，我们还读到了以下这样的句子，说："此具吉祥萨思迦之无垢家族传承与蒙古皇帝结成了供施关系，依靠［世出与世间］两种制度，护持西藏地方"。[2]还说："乌思藏本禅（即宣慰司

---

[1] *rGya bod yig tshang*, pp. 268–269.

[2] *rGya bod yig tshang*, p. 356: "dpal ldan sa skya pa'i gdung brgyud dri ma med pa 'di dang/ hor rgyal po yon mchod du 'brel nas/ gtsug lag gnyis ka'i sgo nas/ bod khams bskyangs pa'i phyir."

使）根据上师之法旨和皇帝的诏令，护住两种法制，令国土安乐，教法作明"。① 从中可以看出，蒙古皇帝和萨思迦派上师建立供施关系的目的就是要从政治和教法两个途径来统治和管理西藏。由此可见，在当时的西藏史家眼里，蒙古与萨思迦派建立"供施关系"的目的并不像后人所说的那样只是施主与上师之间的互相服务和互相利用，而是为了使二者联手，分别从政治和宗教两个途径来"护持西藏地方"。可想而知，藏文文献中出现的"供施关系"所指代和包含的实际的内容或许比这种皇帝与上师于政教二途分工合作以统治西藏地方要丰富和复杂

---

① *rGya bod yig tshang*, p. 362: "dbus gtsang dpon chen gyis/ bla ma'i bka' dang rgyal po'i lung bzhin du/ khrims gnyis bskyangs nas rgyal khams bde ba dang/ bstan pa'i gsal byed gyur pa'ang byung bar gnang." 对藏传佛教所主张的"两种制度"，或者"政教合一"制度的研究，一直是藏学界十分关注的一个课题。它或开始于11世纪时的伏藏文书《十万宝卷》(*Mani bka' 'bum*)，它将吐蕃王国的第一位赞普松赞干布塑造成为一位"政教合一"的领袖，即同时从政治和宗教两个方面、两种方式来治理、护住吐蕃地方的转轮圣王。以后，随着以达赖喇嘛为首的格鲁派政治体制的兴起，这种政教合一，一位菩萨化身普摄政教二途的政治／宗教理念又得到了充分的发扬。对这种政教合一制度的研究，参见东嘎·洛桑赤列(Dung dkar Blo bzang 'phrin legs, 1927—1997) 著、陈庆英译:《论西藏的政教合一制度》，西藏人民出版社，1986/2008年。David Seyfort Ruegg, *Order spiritual et order temporal dans pensée Bouddhique de l'Inde et du Tibet*: Quatre conférences au Collège de France, Paris: Collège de France, 1995; Ishihama Yumiko, "On the Dissemination of the Belief in the Dalai Lama as a Manifestation of the Bodhisattva Avalokitesvara", *Acta Asiatica* 64, 1993.

得多，但这显然表明，不管是萨思迦喇嘛，还是蒙古大汗，他们都不是政教合一的领袖，所以这里提到的"两种制度"或者"两种法律"，与藏传佛教力图塑造的"政教合一"转轮圣王概念并不是一回事。[①]

按照《汉藏史集》的说法，蒙古汗王与萨思迦上师缔结供施关系并不是从忽必烈汗与八思巴帝师开始的，而是早在阔端汗与萨思迦班智达于1247年在凉州会见时就已经开始了。不

---

① 值得指出的是，在藏文文献中表示"两种制度"或者"政教合一"这一概念的词汇有很多种，它们是 lugs gnyis、lugs zung、khrims gnyis、gtsug lag gnyis 和 tshul gnyis 等等，它们在不同的语境中可以表示不同的概念，不见得一定就直接与藏传佛教通常宣扬的"政教合一"制度有关。普通意义上的所谓"两种法"或者"两种制度"指的仅是宗教意义上说的"世间法"（'jig rten pa'i chos）和"出世间法"（'jig rten las 'das pa'i chos），它与藏传佛教所宣传的一位像松赞干布或者达赖喇嘛一样的转世菩萨、转轮圣王，同时执掌政治和宗教两个方面权力的概念并不完全相同。例如，前述《汉藏史集》中引用《大元通志》中所提到的元朝的两种法（khrims gnyis），这显然与藏传佛教语境中的"政教合一"是两个不同的概念。晚近，Adam C. Krug 对见于八思巴帝师全集中的八思巴帝师《与只必帖木儿书——宝鬘》（*rGyal bu ji big de mur la gtam du bya ba nor bu'i phreng ba*）中提到的"tshul gnyis"的概念做了十分细致的考察，但他将这个文本中提到的 tshul gnyis 完全与藏传佛教中特指的"政教合一"概念等同，在我看来并不很令人信服。参见 Adam C. Krug, "Pakpa's Verses on Governance in *Advice to Prince Jibik Temür: A Jewel Rosary*", *Cahiers d' Extrême-Asie* 24, *Kingship, Ritual, and Narrative in Tibet and the Surrounding Cultural Area*, Kyoto, 2015, pp. 117–144.

仅如此，蒙古汗王与西藏喇嘛缔结供施关系的时间甚至还可以提得更早，例如《汉藏史集》中就还提到了"拖雷与其王妃唆鲁忽帖尼的长子蒙哥汗（与必里公巴结成施主与福田的关系），在位九年；第二子也先阔端（与萨思迦班智达结为施主和福田的关系）；第三子忽必烈世祖薛禅汗（与搽里巴噶举派结成施主与福田的关系），阴木猪年生，在帝位三十五年；第四子阿里不哥（与噶玛噶举派结为施主与福田的关系）；第五子旭烈兀（与必里公巴结成施主与福田的关系）。"[①]而隐藏于这段记载背后的历史事实是：当蒙哥汗在位时，蒙古军队首次对乌思藏地区开展了军事征服，按照蒙古旧俗，新征服的土地必须作为爵邑在兄弟之间平分。是故，这几位蒙古王子于乌思藏受封的土地分别是与必里公、搽里巴、伯木古鲁和萨思迦等相关联的地区，王子们分别对分封给他们的这些份地负责，甚至直到元中后期依然保持了他们在这些地区的影响力。于此，藏族史家将这种直接的蒙古军事和政治统治制度解释成为蒙古王子与藏传佛教各教派之间建立的供施关系，而这对于我们认识供

---

① *rGya bod yig tshang*, pp. 255-256. 需要指出的是，这里提到的拖雷第二子也先阔端并非拖雷之子，而是拖雷之兄长窝阔台合汗与其妃子忽帖尼所生的第二子，蒙哥汗仅有忽必烈、阿里不哥和旭烈兀三位兄弟。

施关系这种以宗教掩盖政治的实质的说法有很大的启发。①

虽然如前所述萨思迦班智达与阔端汗的凉州会面通常被认为是蒙古与萨思迦派缔结供施关系的开始，但塑造了这种关系之典型形式和性质的显然是八思巴帝师和忽必烈皇帝的结盟。据《汉藏史集》记载，当八思巴随其叔父萨思迦班智达到达凉州不久，忽必烈就曾遣人传来令旨，要招揽八思巴叔侄去他的潜邸充当他的应供上师（bla mchod），但当时还很年轻的八思巴没有立刻离开凉州而去投奔忽必烈的营帐。到了1251年，八思巴才随蒙哥都王子前往汉地之六盘山，拜见了正征战、驻营于此的忽必烈汗，二人相会，十分愉悦，随即结成了"供施关系"。自1253年开始，八思巴便常常随侍忽必烈汗之左右，为

---

① 关于蒙哥汗时期，将被其新征服的乌思藏地区在他及其诸兄弟之间分封的故事，最早见于《朗氏家族史》和《西藏王臣记》等藏文历史文献的记载，虽然忽必烈时代在乌思藏地区划分了十三万户，还设立了乌思藏宣慰司，但必里公、伯木古鲁派等依旧与其原来的领主保持着或强或弱的政治联系。例如旭烈兀尽管早已西去建立了自己独立为王的伊儿汗国，但他的所谓"西蒙古"（sTod hor）势力依然与必里公派保持着联系，给蒙古—萨思迦于乌思藏地区的统治造成了不小的干扰。参见Jampa Samten and Dan Martin，"Letters to the Khans, Six Tibetan Epistles of Togdugpa Addressed to the Mongol Rulers Hulegu and Khubilai, as well as to the Tibetan Lama Pagpa"，Edited by Roberto Vitali with assistance from Gedun Rabsal and Nicole Willock, *Trails of the Tibetan Tradition Papers for Elliot Sperling*, AMI Books, 2014, pp. 297-332.

他及其后妃、王子等传授藏传佛教秘法，深得忽必烈汗信任。随着元朝的建立和巩固，八思巴的政治和宗教地位不断得到提高，最终成为大元帝师，并兼任宣政院使，位极人臣。

藏文历史文献中对于忽必烈汗与八思巴帝师之间所建立的"供施关系"的具体内容的记载，大同小异，基本上都与《汉藏史集》中出现的以下这段记载相似。它说：

> 在蒙古与萨思迦结成供施关系之后，众生怙主八思巴法王曾三次前往汉地大都之宫中，三次授予上位薛禅皇帝、皇后、皇子等以萨思迦的殊胜法和三续之大灌顶。作为第一次灌顶的供养，[忽必烈汗]将乌思藏十三万户献给了[八思巴上师]；作为第二次灌顶的供养，复献以"西番三道[宣慰司]"；作为第三次灌顶的供养，则按照上师的法旨，献以汉地的一片大草地，放生了成千上万的汉人。①

于此不难看出，这种"供施关系"虽然表面上披上了一层宗教的外衣，但在它掩盖下的依然还是现实的政治行为，所谓

---

① *rGya bod yig tshang*, pp. 276–278.

因接受灌顶而献给上师的供养，指的是忽必烈汗渐次将对元朝在西藏所划分的乌思藏十三万户和西番三道宣慰司这二级行政机构的统辖权赐予了元朝帝师八思巴。换句话说，藏族史家不过是以一种委婉、曲折的方式，讲述了一个元朝的蒙古皇帝忽必烈汗与来自西藏的帝师八思巴联手统治西藏的历史故事，其实质内容与见于《元史》之《释老传》中有关帝师职能的记载是完全一致的，而后者是这样说的："元起朔方，固已崇尚释教。及得西域，世祖以其地广而险远，民犷而好斗，思有以因其俗而柔其人，乃郡县土番之地，设官分职，而领之于帝师。乃立宣政院，其为使位居第二者，必以僧为之，出帝师所辟举，而总其政于内外者，帅臣以下，亦必僧俗并用，而军民通摄。于是帝师之命，与诏敕并行于西土。"①

《汉藏史集》中于其他几处提到忽必烈汗与八思巴帝师缔结的供施关系时，也都明确点明这种表面的宗教关系下的政治实质。例如，它说：

> 复次，八思巴来到大都，授薛禅皇帝及其皇后、皇子三续之大灌顶，获授帝师尊号，并得到乌思藏十三万户

---

① 《元史》卷二〇二，列传第八十九《释老传》。

和西番三道宣慰司等不可思议之供养。蒙古、萨思迦结成供施关系，西藏地方被纳入忽必烈汗之统治之下（hor sa skya pa yon mchod du 'brel/ bod yul go s[b]e la'i mnga' 'og tu chug pa'i snyan grags sgrogs pa）。"[1] 或者说，在施供双方之金道上［指从大都至萨思迦的驿道上］，充满了村落、城镇之［吐蕃］地区的一切有情，均尊事皇帝、上师，以［身语意］三门虔敬服事。征服了包括纳里速古鲁孙在内的乌思藏地区，若于此转力轮之王、皇帝之上师的最胜大寺，即具吉祥萨思迦之统治之下，众多万户能为广大疆土服务。[2]

从以上这些记载中，我们可以看出，藏族史家创造出"供施关系"这一专门的术语，用来描述蒙古皇帝与萨思迦上师的关系，其最根本的用意是为了表达施主与上师之间结成了一种特殊的政治和宗教联盟，他们分别以政治（军事）和宗教两种手段，达成了对西藏的有效统治。所以，这种"供施关系"从本质上来说绝对不是宗教性的，而是政治性的。这种施

---

[1]　*rGya bod yig tshang*, p. 327.

[2]　*rGya bod yig tshang*, p. 297–298.

主和上师的联盟用藏文来表达，就是元朝处理西藏的政务必须通过"皇帝施供双方的诏令"（rgyal po yon mchod kyi bka' lung），或者必须"按照皇帝施供双方商议而决定"（rgyal po yon mchod bka' gros su bstun nas bskos mdzad 'dug），而这与《元史·释老传》中出现的"于是帝师之命，与诏敕并行于西土"的说法异曲同工，完全一致。

应该强调的是，创造"供施关系"这样的一个"政治／外交术语"的动机，显然是为了给大元帝师为代表的萨思迦派于西藏地方拥有统领乌思藏十三万户等地方教派和豪强势力之特殊地位提供必须的政治和宗教依据。于当时乌思藏地方的政治和宗教格局中，前、后藏各地均有当地政治和宗教势力结合而成的地方豪强，他们各不统属，各自独立、互相牵制，形成了整个乌思藏诸侯林立的局面。而地处藏地西陲的萨思迦派本来不具有足以号令整个乌思藏地方的政治和宗教实力，其之所以能够占有远高于其他各地方豪强的统治地位，完全是因为他们与元朝的蒙古皇帝结成了政治上的联盟，完全是因为萨思迦派的喇嘛八思巴成了位极人臣的大元帝师和宣政院使。创造"供施关系"这一专门术语的极有可能正是萨思迦派的上师们自己，他们希望以此来为萨思迦派拥有主导乌思藏地方这一政治特权造势，并为此提供合法的依据。在这种供施关系中，作为施主的蒙古皇帝能够为其上师提供强大的政治（军事）力量的支持显然是最为关键的因素，当元朝直接干预西藏地方的军事力量逐渐减弱，萨思迦于乌思藏的影响力也就渐趋式微，其主导地位慢慢被崛起的伯木古鲁巴万户所取代。随着妥懽贴睦尔败走朔漠，萨思迦派于西藏地方的统治权便失去依怙，蒙古与萨思迦之间的供施关系也就即刻寿终正寝了。

综上所述，西藏佛教上师创造出来的于蒙古皇帝与萨思迦上师之间建立的"供施关系"的这个说法，所反映出来的历史事实绝对不是像今人所认为的那样是为了凸显施、供双方之间的纯粹的宗教关系，相反，它是为了借助这种说法，把蒙古皇帝与萨思迦上师结成的这种政治和宗教联盟固定化、合法化，从而使得蒙古皇帝的代言人萨思迦上师们于西藏地方的政治特权得到普遍的承认，从而也使得蒙元王朝对于西藏地方的统治得到普遍的承认。从今天的眼光来看，将蒙古皇帝与萨思迦上师的关系定义为"供施关系"无疑是一种非常成功的政治宣传，它有力地加强了萨思迦派于西藏地方的特权地位。本来即使是八思巴帝师这样位极人臣的大元帝师，依然还是元朝副一品的大臣，而乌思藏十三万户和西番三道宣慰司的"本禅"（dpon chen, 即各个宣慰司的长官宣慰使、都元帅）都不是萨思迦派上师们的家臣，而是由元朝中央政府直接任免的朝廷命官。但是，在这种"供施关系"的话语中，乌思藏十三万户和西番三道宣慰司似乎都成了蒙古皇帝赐给萨思迦上师们的特权了，以至于长期以来人们错误地认为元朝时期甚至存在过一个统治西藏的"萨思迦王朝"。

毫无疑问，"供施关系"说十分有效地为蒙元王朝时代萨思迦派于整个西藏地区树立起了独一无二的崇高的政治地位。也正因为如此，不管是第三世达赖喇嘛和俺答汗，还是五世达赖喇嘛和固始汗，他们都希望仿效八思巴帝师和忽必烈皇帝之旧例，双方结成"供施关系"，其目的也显然是为了能够通过与蒙古汗王结成一种特殊的政治和宗教联盟，顺利得到蒙古汗王们的巨大的政治（军事）支持，以帮助他们在西藏本土消除强敌，建立起他们自己的主导和统治地位，其政治动机可谓昭然若揭。总而言之，将"供施关系"解释为施主与上师之间建立的一种纯粹的宗教关系，以此来否定其中包含的明确的政治意义是完全不符合元代西藏历史的事实的，在这种论调背后掩藏的同样是十分鲜明的政治动机。

五

大家知道，近年来"新清史"之所以引起中国学者的强烈批评，甚至被谴责为一个要"分裂中国的学术阴谋"，其中的一个重要原因就是，"新清史"家们认为新疆不过是清王朝的乾隆皇帝于征服准噶尔蒙古人之后夺取和占领的一片"新的疆土"，新疆今天能够成为中国的一个组成部分完全拜扩张型的清帝国的对外征服所赐。但是，当时的大清是一个同时由一个"汉帝国"（Chinese Empire）和一个"内亚帝国"（Inner Asian Empire）两个部分组成的大帝国，所以，它并不等同于今天的中国。言下之意，清代对新疆的征服和统治并不一定能够作为今天中国合法统治新疆的历史依据。"新清史"的这种说法引起了中国很多历史学者们的批评，于是批评"新清史"，特别是讨论大清帝国与中国的关系便成为引发了巨大争议并超出了单纯学术讨论范围的一个大问题。

不难发现，我们眼下正在讨论的元朝与西藏的关系问题与"新清史"有关新疆的讨论有很多类似的地方，或者也可以这样说，在很多方面"新清史"与"大元史"在方法和观念上本来就异曲同工、同出一辙。一方面，中外史家差不多都认可蒙元王朝切实有效地统治了西藏地方百有余年这一段历史，因为这是大家都无法否认的历史事实。中国官方舆论也长期坚持这样的说法，称自元朝以来西藏地方业已成为中国领土之不可分割的一个组成部分。但是，另一方面，于西方当今流行的一套"西藏话语"之中，蒙元王朝征服和统治西藏百有余年的这段历史，却并没有被当成西藏自元朝以来成为中国领土之不可分割的一个组成部分这个说法的历史依据，他们认为这二者是毫不相关的两件事情。因为在他们看来，蒙元王朝是蒙古历史的一个部分，特别是大蒙古帝国历史的一个组成部分，它不应该被算作是中国古代历史的一个部分。显而易见的是，"大元史"所主张的历史视角与这样的说法有很大的关联，"大元史"主张从世界史、全球史的角度来看待蒙元王朝的历史，要求将"蒙古帝国作为一个联合体"，把蒙元王朝看作是一个跨越欧亚的大帝国，它是当时世界历史的中心，开创了一个建立世界新秩序的"蒙古时代"。而元朝的"领土确实远远超过了中华国界，横跨了有四个属国的超大区域"，所以，不能把元朝仅仅看成是一个中国的王朝，即使是客气地说，"元并非中国王朝"这样的说法也至多只是"对错各半"。①

　　不可否认，"大元史"的这种视角或确实可以为今人重新审视、建构和叙述蒙元王朝的历史提供一种新的角度和新的范式，也可以让人对蒙元王朝于世界历史上的历史定位和历史意义有更新、更宽广的认识。但是，一切真实的历史不应该就是

---

　　① 《杉山正明谈蒙元帝国》，《殊方未远：古代中国的疆域、民族与认同》，第177页。

当代史，当代人的崭新视角和政治关心不能替代对过去了的历史真实的研究和探索，历史研究还应该以尽可能地从其当时代的历史语境中正确地还原历史的真实为主要目标。迄今为止，"大元史"的出现引起了世人对蒙元历史的广泛关注，蒙古帝国及其所带来的近代世界秩序的新变化已经成为人们津津乐道的一个热门话题。但是，"大元史"的发展方向似乎并不是如它原先所设计和宣传的那样，倡导一种利用波斯、阿拉伯、藏文、拉丁文等各种非汉文历史文献，从大蒙古帝国或者世界史的视野出发，来对蒙元王朝的历史进行更加深入和广泛的研究和探索。于笔者看来，不管是不是"大元史"，蒙元史研究无论如何应该回到对元代多语种历史文献的解读和研究中来，从当时的历史、社会、族群和文化语境中来还原元朝的历史，进而来解释其于蒙古史、中国史和世界史中的历史定位和意义。

从以上我们对15世纪的一部藏文历史文献《汉藏史集》中有关蒙元王朝之历史定位的记载的分析来看，中世纪西藏史家们显然并不具备与今日之"大元史"家们同样的全球史视角，他们也不像今人一样对不同民族（族群）之间的政治关系十分的敏感，所以，他们更倾向于把蒙古人统治下的大元王朝看成是一个"汉地的王国"（rgya nag gi rgyal khams），蒙古王统至少自成吉思汗开始就变成了汉地王统的一个组成部分。蒙古取代金或者西夏，和随后建立的大元王朝，与大元最终被汉人的大明所取代一样，都是发生在以大唐为标志的汉人国内的事情，他们都具有合法正统的地位。而且，至少到15世纪中后期，西藏史家们并没有要否认西藏曾经被纳入蒙元王朝之统治的事实，相反，他们很乐于要让人们相信由于西藏是教法隆盛和帝师居住的地方，所以"吐蕃三道"即使没有被元廷正式设定为一个行省，但其实际的历史地位就应当相当于元朝的一个行省。今人多有尝试把元代以来西藏史家建构起来的西藏喇嘛与蒙元统治者之间的"供施关系"去政治化，代之以给它一种纯粹的宗教化的解释，以此来否认西藏喇嘛、西藏与蒙古大汗、蒙元王朝之间的明显的政治隶属关系。殊不知西藏史家用心建构的这种"供施关系"说，本身就具有十分强烈和明显的政治目的，即希望借此来强化萨思迦派上师们于西藏地方享有超越其他教派和地方势力的政教地位。而当代出现的对这种关系的去政治化的解释，却正好又是带着要否认历史上西藏与中国之间存在的政治隶属关系这一十分鲜明的政治目的的。

现实政治对历史研究的影响无处不在，特别是当代西藏，不管是现实的西藏，还是虚拟的西藏，越来越成为一个具有国际性影响的政治问题时，人们对西藏历史的研究就很难不受到政治立场和意识形态的影响和左右。西方人将中国的西藏历史研究称为"作为政治宣传的历史"（History as Propaganda），可扪心自问西方学者又何尝能够脱离"一切真实的历史都是当代史"这个魔咒，为世人提供一部更客观、公正、真实的西藏历史呢？今天人们对西藏历史的认识和研究，更多的是受到了西方所流行的一套"西藏话语"的影响和制约，在这套话语体系的强大霸权影响之下，即使是最出色的历史学家或者语文学家，都很难逃脱那些先入为主的立场、观念对自己所从事的实证性的历史研究的深刻影响。笔者以上这篇看起来同样具有争论意义的文章，本意并非要参与或者加剧这种政治性很强的学术争论，笔者希望借此说明的不过是这样一个事实，即中、西方的历史学者不管视角多么的不同，但一样难逃政治立场和主流意识形态的影响，而历史的真实往往要比这种带着非此即彼的价值判断而建构、形成的历史叙事丰富和复杂得多。

一个令历史学家们非常沮丧和失望的事实是，眼下更能够影响普通大众对西藏历史之认识、并进入主流"西藏话语"之建构的西藏历史作品，往往不是那些出于像Petech先生一样的专家之手的、十分精细、实证和原创的学术精品，反倒是一些充斥于坊间的二手的、或者非专业的历史类作品，后者显然更受人期待，并给人以更大的影响力。尽管如此，我们或许还是应该相信，政治风向瞬息万变，权力和利益均难保持长久，而历史研究乃千秋大业，它需要经受得住时间和历史的考验。所以，元史研究不管大小、新旧，其最基本的学术实践还是应该回归到对元代多语种历史文献的发掘、解读和研究，并借此来重建元朝历史的真实，揭示元朝历史之丰富和复杂的多种面貌、多层意义。当然，如果我们能从这种文本的和实证的研究中以小见大、推陈出新，用我们精细的研究中所得到的可靠的历史真实，建构起能与自己所处的这个时代的学术要求和理想相适应的，但同时又超越现实政治、权力和利益束缚的宏大历史叙事，那我们的研究才真正可以算得上是"大元史"或者"新清史"了。

第三章

论蒙元王朝于明代中国的政治和宗教遗产

—— 藏传佛教于西夏、元、明三代政治和宗教体制形成
中的角色研究

一

西藏喇嘛，元时多称为"番僧"或者"西番僧"，曾深受元朝诸蒙古大汗们的青睐，藏传佛教也曾在元朝宫廷内外广为传播，这是元朝历史上为人熟知的一件事情。蒙古君臣曾于宫廷内修习所谓"秘密大喜乐禅定"和"演揲儿法"等有涉"双修"或者"多修"的丑闻曾给历史上汉族士人误解番僧和藏传佛教提供了难得的素材，造成了难以挽回的恶劣影响，使得番僧长期以来被贴上了神僧、妖僧和贼髡的标签，而藏传佛教则被等同于巫术，甚或"淫戏"。[①]据传元朝末年就有人曾经这样说过，

[①] Shen Weirong, "Magic Power, Sorcery and Evil Spirits: The Image of Tibetan Monks in Chinese Literature during the Yuan Dynasty", In C. Cüppers ed., *The Relationship between Religion and State (chos srid zung 'brel) in Traditional Tibet*, Lumbini, 2004, pp.189–228.

蒙古征服中原，使得"中国一变为夷狄"，而藏传密教对蒙古人的征服又使"夷狄一变为禽兽"。甚至还有人认为就是几位番僧在蒙古宫廷中兴妖作怪才导致了曾经是世界征服者的蒙古人所建立起来的大元王朝如此急速地衰落，竟不足百年而亡。[①]事实上，我们不应该忘记的是，正是当年蒙古对西藏的征服彻底地改变了西藏以后的政治、地理、社会和宗教的整体结构和面貌，深刻地影响了西藏政治和社会今后的发展方向。与此同时，番僧们也以多种不同的方式在蒙元王朝的政治、社会和宗教制度的形成过程中发挥了极其重要的作用，也对继元朝而起的明代政治和宗教生活的形成和发展产生了相当深远的影响。

迄今为止，中外学者对于蒙元王朝征服和统治西藏的历史已经作了相当深入和出色的研究，蒙元时代西藏政治史的基本面貌已经相当清晰。蒙古对西藏的统治以最初的残酷的军事征服开始，然后将西藏划分为一块块的份地，分封给诸位蒙古王子作为封邑，再在西藏渐次进行括户（人口调查）、建立驿站、征收赋税、差役（兀剌），然后正式建立郡县（宣慰司和万户）、设官分职，实施元朝中央政府对西藏地方的直接统治。

---

① Franke, Herbert, "Tibetans in Yüan China", In J. John D. Langlois edited, *China under Mongol Rule*, Princeton, 1987, pp. 326-328.

蒙元王朝对西藏地方实施了有效的统治达近百年之久。①

    显而易见，蒙元王朝对西藏的百年统治对西藏今后的历史进程留下了很多深刻和不可磨灭的影响。首先，蒙元王朝在西藏地方的行政彻底改变了西藏原有的传统的地理区划。传统上，整个西藏地区被划分为西部的"纳里速古鲁孙"（mNga'ris skor gsum，即今言之"阿里三围"）、中部的"乌思藏四茹"（dBus gtsang ru bzhi，即今前、后藏，或称"乌思藏"或者"卫藏"的中部西藏地区）和东部的"朵甘思六岗"（mDo khams sgang drug，包括今天的安多和西康地区）。而经过了元朝的统治之后，西藏的地理区划变成了所谓"吐蕃三道"（*bod kyi chol kha gsum*），即后世所谓"乌思藏（卫藏，dBus gtsang）法道"、"朵思麻（安多，mDo smad）马道"和"朵甘思（西康，mDo stod, mDo khams）人道"。今天大概很少有人知道这个"吐蕃三道"的实际意义，特别是由于人们对 *chol kha* 这个非藏语的

---

① Petech, Luciano, *Central Tibet and the Mongols, the Yuan-Sa-skya Period of Tibetan History*, Roma: Istituto Italiano per il Medio ed Estremo Oriente, 1990; Franke, Herbert, "Tibetans in Yüan China", In *China under Mongol Rule*, 1987, pp. 296–328; 沈卫荣:《元朝中央政府对西藏的统治》,《历史研究》1988 年第 3 期，第 137—149 页；van der Kuijp, Leonard W. J., "The Tibetan Expression, bod Wooden Door, (bod shing sgo) and its Probable Mongol Antecedent",《西域历史语言研究集刊》(*Historical and Philological Studies of Western Regions*) ,vol. 3, 2010, pp. 89–134.

外来借词的意义不甚了了，所以多半把它认定为一个普通的地理区分名词"区"了，甚至有人把"吐蕃三道"说成是"吐蕃三省"，当成是所谓"大西藏区"的一个直接的定义了。

实际上，早在六十多年前，法国汉学家伯希和先生（Paul Pelliot, 1878—1945）就已经指出藏文中的 *chol kha* 这个语词应该是一个蒙古语借词，它的原型是 *čolga*，与汉文中作为行省以下一级行政区划名称的"路"字对应。但是，由于西藏地区是元朝帝师和宣政院的直辖统治区，它在元朝行政统治制度中享有特殊的地位，故元朝既没有把西藏地区划为一个行省，也没有在西藏设立行省之下的"路"一级行政区划，而是将西藏作为宣政院辖下的一个特区，其下分设"乌思藏"、"吐蕃等路"（朵思麻）和"吐蕃等处"（朵甘思）等三个宣慰使司都元帅府，而藏文文献中所说的 *bod kyi chol kha gsum*，即所谓"吐蕃三道"的实际意义，指的应当就是"吐蕃三道宣慰司"。所以，藏文中的 *chol kha* 这个蒙古语借词实际上与汉文中的"三道宣慰司"中的"道"（"路"）字对应。与此相应，在藏文文献中"吐蕃三道"的首领被称为 *dpon chen*，其实际意义就是各道宣慰司的首领——宣慰使司都元帅府之"都元帅"。与此相应，所谓的"萨思迦本禅"（*Sa skya dpon chen*）实际上指的是"乌思藏本禅"，也即是"乌思藏纳里速古鲁孙等三路宣慰使司都元帅府"的首领,即乌思藏宣慰司的最高行政长官——乌思藏都元帅。[1]在乌思藏(道)宣慰司治下,元朝设立了乌思藏十三万户(*dBus gtsang khri skor bcu gsum*),作为隶属于宣慰司下的一级地方政治和军事行政机构。每个万户有万户长(*khri dpon*)统领,必须为中央政府负责地方驿站之兀剌祇应等差役负担,保证地方至中央交通驿路运输之畅通。与乌思藏"本禅"一样,乌思藏十三万户的"万户长"也是朝廷命官,尽管其中的大多数本来就是地方豪强,或者政教合一的地方政治和宗教领袖。他们都必须由元朝中央政府直接任命,"本禅"为副二品,而"万户长"为正三品官人。

就如后世的藏族史家一再强调的那样,尽管"吐蕃三道宣慰司"所辖地方的面积不够大,还不足以成为元朝中央政府治下的一个行省,但由于它们是帝师的故土,是佛法兴盛的地方,所以它的实际地位可与元朝的一个行省相媲美,甚至就可以被认为是元朝忽必烈统治时期的第十一个行省。[2]所以,尽管当时的西藏并没有真的成为元代中国的一个行省,但元朝中

---

① 沈卫荣:《元朝中央政府对西藏的统治》;陈得芝:《再论乌思藏"本钦"》,萧启庆主编:《蒙元的历史与文化——蒙元史学术研讨会论文集》,台北,2001年。

② 参见达仓宗巴·班觉桑布著、陈庆英译:《汉藏史集》,西藏人民出版社,1986年,第165—166页。

央政府对吐蕃三道宣慰司的有效统治永久地改变了西藏在地缘政治设定中的身份和位置。在西藏政治史上，"吐蕃三道宣慰司"不管是在元朝，还是在元以后，从来没有形成一个统一、独立的行政实体。作为次级行政区域，朵甘思和朵思麻两个宣慰司渐渐与它们分别相邻的陕西和四川两个行省的关系变得越来越紧密，而它们与乌思藏宣慰司的关系则相对而言变得越来越疏离。与此相应，元朝中央政府对于这三个宣慰司在政治、军事和社会上的影响力也就出现了明显的不同。

"吐蕃三道宣慰司"既然甚至可以被视为元朝忽必烈汗统治时期的"第十一个行省"，它们无疑是蒙元帝国的一个不可分割的组成部分，其属下的僧俗百姓无疑也都是元代中国治下的"编户齐民"。但是，需要强调的是，有元一代，西番官民百姓显然并不只是被动地接受了蒙古统治者长达近百年的强有力的政治和军事统治，相反，他们也曾经十分主动地在元朝的政治和文化生活中扮演了极其有影响的角色，他们也对元朝政治和宗教体制的形成做出了十分独特的贡献。首先，番僧史无前例地成为了有元一代皇帝们的"帝师"，他们不仅仅是蒙古大汗们的老师，就像"帝师"这个名称所表示的那样，而且同时他们还是元朝中央负责统领整个"吐蕃三道宣慰司"和掌管全国释教事务的最高行政机构——宣政院的最高行政长官，是元朝职官体系中副一品的高官，宣政院于元朝中央政府中的地位则仅次于中书省、御史台和枢密院等分别管理全国之行政、军事和法律的三个最中枢的政府机构。[①] 就像藏文历史文献中常常强调的那样，帝师并不是一个有名无实的虚衔，而确实是元朝中央政府机构中的一个常设的行政机关的行政长官，是元朝中央政府的一个重要组成部分，凡与"吐蕃三道宣慰司"有关的行政措施的制定和实施，都必须经与帝师商议和决定后方可推行，帝师的敕令与皇帝的圣旨并行于西番。在元朝后期，元廷甚至下令在各省分别建立帝师庙，岁时致祭，这表明帝师获享了在中国古代历史上只有孔夫子才能享受到的作为国家级文化英雄的地位，也表明元朝统治者或曾尝试以藏传佛教取代儒家学说作为朝廷的主流意识形态。

就像帝师是来自天下各色各目之众多民族的释教教徒们的领袖一样，宣政院作为天下释教的最高管理机构自然也对整个

---

① 尽管番僧成为帝师最早发生在西夏时代，但由于西夏并非像元朝一样是一个统治了广大领土的大帝国，其帝师既不是统领西番的最高领袖，也没有在西夏的政治和文化生活中发挥如此巨大的作用，故与元朝的帝师制度不可同日而语。关于西夏的帝师和帝师制度参见 Dunnell, Ruth W., "The Hsia Origins of the Yüan Institution of Imperial Preceptor", *Asia Major* 5 (1), 1992, pp.85—111; 聂鸿音：《西夏帝师考辨》，《文史》2005 年第 4 期，第 205—217 页。

朝廷和国家的政治、宗教事务有着巨大的影响力。宣政院还在杭州等地设立了行宣政院,统领周围几个行省的释教事务。例如,设立于南宋旧都杭州的行宣政院,统领江南各省的释教事务,其长官行宣政院使则被称为"江南释教总统"。第一位"江南释教总统"则是元朝历史上一位臭名昭著的奸臣、河西僧人杨琏真加,他于元世祖忽必烈至元年间(1264—1294)所拥有的权势显然远远超越了管领释教的范畴,而实际上是当时江南最炙手可热的权臣,可以为所欲为,不受限制地实施他的那些在当地南宋遗民看来伤天害理、十恶不赦的恶行,例如发南宋皇帝们的陵寝,侵吞皇家珍宝、财物,建镇魇寺庙,改汉式寺庙、道观为藏传佛教寺庙等等,受到江南百姓的切齿痛恨。①

在与汉族士人争夺蒙古统治者的青睐和支持的激烈竞争

---

① 杨琏真加显然是元代番僧之"贼髡"形象的原型,但此形象的形成显然是拜汉族士人所赐,在包括蒙古君臣在内的藏传佛教徒中间,杨琏真加或当另有一副正面的形象。著名中世纪藏文史籍《汉藏史集》(*rGya bod yig tshang*)中曾经提到"[八思巴帝师]曾将其亲传弟子名持律搠思结恭卜('Dul 'dzin Chos kyi mgon po,译言法之怙主)者派往蛮子的国土(sman thse'i rgyal khams,即指江南),一年间就剃度了九百四十七名僧人出家"。不知这位"法之怙主"与同样传为八思巴帝师之弟子的杨琏真加之间是何关系,但由此可见从元朝廷和藏传佛教的角度来看,番僧于江南的作为恐并非只是为非作歹,而或也曾广传佛法。见dPal 'byor bzang po, *rGya bod yig tshang chen mo*, Si khron mi rigs dpe skrun khang, 1985, pp. 327–328.

中，西番僧显然大获全胜。元朝末代皇太子爱猷识理达腊被人称为"聪明天授、锐志圣学"，曾"与师保之臣讲诵不辍，性雅好翰墨"，或当已有相当高的汉文化修养。可即使是他也依然更酷爱番僧所传授的藏传密法，史载有一次"太子尝谓左右曰:'李［好问］先生教我读儒书许多年，我不省书中何言，西番僧告我佛法，我一夕便晓。"①蒙藏两个民族之间宗教、文化上的亲和关系，使得蒙古君臣显然更容易接受藏传密教，而不是汉族士人所讲究的那一套有关文武圣王的儒家学说，所以元廷更优礼西番僧并不是一件十分偶然和不可思议的事情。

由于蒙元君臣对西番僧和藏传密教的热衷，使得有些西藏人也曾经成为元朝政治中的非常有影响的风云人物，其中最著名的当然要数元初深得忽必烈汗宠信和倚重的著名权臣、奸相桑哥（?—1291）。桑哥来自朵思麻，通诸国语，或为畏兀儿化的西番人（或是西番化的畏兀儿人亦未可知），最初曾为元朝著名国师丹巴（1240—1304）的译史，而丹巴国师是当时名望、地位或仅次于八思巴帝师的另一位活跃于蒙古朝野的藏传密教大师，②因此桑哥有机会得幸于元世祖忽必烈。后因他敛

---

① 任崇岳:《庚申外史笺证》，中州古籍出版社，1991年，第40—41页。

② Franke, Herbert, "Tibetans in Yüan China", In *China under Mongol Rule*, 1987, pp.296–328.

财有术而得到了忽必烈汗的信任，遂被授以相位，以权臣身份统治整个国家达十余年之久，最后因牵涉杨琏真加于杭州发宋皇室陵寝之丑闻而垮台。据说杨琏真加之所以敢于如此肆无忌惮地摧毁南宋皇陵、掠夺江南财富，正是得到了桑哥在忽必烈汗默许下的怂恿和鼓励，桑哥与其分享了从江南掠夺而来的民脂民膏。在元代的汉文文献中，桑哥通常被描写成一位为人骄黠豪横、好言财利，又专权渎货、壅蔽聪明、紊乱政事、沮抑台纲的奸佞之臣，有意思的是，在成书于15世纪后期的著名藏文史籍《汉藏史集》（*rGya bod yig tshang*）中见到的一份桑哥传记中，桑哥则被赞美为一位善良、有为的贤臣。[①]如前所述，汉文文献中出现的桑哥、杨琏真加等人的相对妖魔化的形象或与汉族士人对更得蒙元统治者信赖的西番僧的嫉妒和痛恨有关。

有元一代，大量西番僧涌入中原，史载"见西番僧佩金字圆符，络绎道途，驰骑累百，传舍至不能容。"这些西番僧人在中原受到了元朝廷和蒙古君臣们史无前例的礼遇，所谓"百年之间，朝廷所以敬礼而尊信之者，无所不用其至。虽帝后妃主，皆因受戒而为之膜拜。正衙朝会，百官班列，而帝师亦或

---

① Petech, Luciano, "Sang-ko: A Tibetan Statesman in Yuan China", *Acta Orientalia Academiae Scientiarum Hungaricae* 34(103), 1980, pp.193-203.

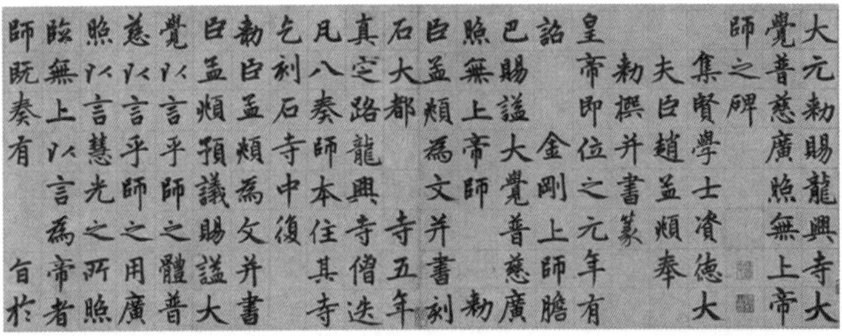
大元勅賜龍興寺大
覺普慈廣照無上帝
師之碑
集賢學士資德大
夫臣趙孟頫奉
勅撰并書篆
皇帝即位之元年有
詔金剛上師膽
巴賜謚大覺普慈廣
照無上帝師　勅
臣孟頫為文并書刹
石大都　寺五年
真定路龍興寺僧迭
凡八奏師本住其寺
乞刹石寺中復
勅臣孟頫為文并書
臣孟頫預議賜謚大
覺以言乎師之體普
慈以言乎師之用廣
照以言慧光之所照
臨無上以言為帝者
師既奏有　旨於

图3-1　赵孟頫楷书《帝师胆巴碑卷》局部，元，纸本，故宫博物院藏

专席于坐隅。且每帝即位之始，降诏褒护，必敕章佩监络珠为字以赐，盖其重之如此。其未至而迎之，则中书大臣驰驿累百骑以往，所过供亿送迎。比至京师，则敕大府假法驾半仗，以为前导，诏省、台、院官以及百司庶府，并服银鼠质孙。用每岁二月八日迎佛，威仪往迓，且命礼部尚书、郎中专督迎接。及其卒而归葬舍利，又命百官出郭祭饯。——其弟子之号司空、司徒、国公，佩金玉印章者，前后相望。”①或说：“于是尊其爵至于一人之下、万民之上，丰其养至于东南数十郡之财不足以资之，隆其礼至于王公妃主皆拜伏如奴隶。甚而为授记，藉地以发，摩顶以足，代马凳子以脊，极其卑贱。”②番

① 《元史》卷二〇二《释老传》。

② 《草木子》卷四下《杂俎篇》，第83—84页。

僧们依仗元帝室的宠信，有恃无恐，故飞扬跋扈，不可一世，深为汉族士人们痛恨。职是之故，汉族士人对番僧之诟病也至深至切，在他们笔下为西番僧们留下了凶狠霸道、狡诈贪婪、不知餍足的恶僧形象。①

显而易见的是，蒙古大汗们对西番僧们的宠爱和对他们所传的秘密法的热衷曾令元朝的汉族士人们无比地沮丧，以至于对西番僧们生出刻骨的痛恨。对于生活在一个外族征服王朝统治之下的汉族士人们来说，要接受这种外来民族的"野蛮"统治，并努力说服自己蒙古大汗是得到了天命的真命天子，这本身就已经是一件十分艰难的事情，而正当他们痛苦地接受了这一事实，并正尽其所能地尝试改变这种外来的统治，想方设法要将蒙古大汗们"野蛮"的统治制度拉回到汉族儒家文化传统中的理想型的文武之治的正统轨道上来时，②西番僧和他们所传的秘密法却成了他们努力完成这种转变的巨大障碍，西番僧们在元朝宫廷内外的成功或即标志着汉族士人们要用儒家文明来征服野蛮的蒙古统治者的努力的失败。于是，他们常常把他们的这种痛苦、委屈和

① Shen Weirong, "Magic Power, Sorcery and Evil Spirits: The Image of Tibetan Monks in Chinese Literature during the Yuan Dynasty".

② Langlois, John D. Jr., "Yu Ji and his Mongol Sovereign: The Scholar as Apologist", *Journal of Asian Studies* 38(1), pp.99–116.

愤怒撒到这些西番僧们的头上，他们的笔下刻画出来的番僧形象自然就是十分负面的、妖魔化了的妖人、贼髡和恶僧形象，这其中反映出的当然不见得尽是元朝西藏和藏传佛教之历史的真实，而更多的是他们对自己无力改变、转化蒙古外来统治的沮丧和对将"夷狄变为禽兽"的西番僧们的痛恨。

事实上，直到晚近十余年为止人们对藏传佛教于蒙古宫廷内外流传的细节知之甚少，所知的内容大部分流于道听途说之小说家言，实在不足为信。所知相对较多的是于元朝曾经普遍流行过的"摩诃葛剌（大黑天）崇拜"，"大黑天神"一度甚至被人认为是国家级的护法而受到蒙古君臣的顶礼膜拜，这无疑是西番僧世代得享之神僧形象的来源之一。此外，在元朝宫廷内流行的所谓"秘密大喜乐禅定"和"演揲儿法"则因涉及"双修"或者"多修"，传为元朝君臣所热衷，遂成为元朝迅速败亡的祸根，故最为当时的汉族士人诟病，也为后代不断妖魔化和情色化番僧和藏传佛教提供了永久的话柄，在汉族文化传统中留下很深刻的负面影响。[1]

---

[1] Shen, Weirong and Wang Liping, "Background Books and Book's Background: Images of Tibet and Tibetan Buddhism in Chinese Literature", In M. Esposito edited, *Images of Tibet in the 19th and 20th Centuries*, Paris, 2008, pp.267–300.

迄今为止，不少知名的中外学者都曾经想方设法要解开"秘密大喜乐禅定"之谜团，可由于缺乏有关当时代藏传密教于元廷传播的历史资料，显然都不很成功。近十年来，我们首先在俄藏黑水城出土西夏文、汉文佛教文献内发现了一大批与藏传佛教有关的文献，它们有的源于西夏时代，有的则是元朝的作品。[①] 而在我们于俄藏黑水城文献中发现大量藏传密教文献之前，我们唯一知道的同类文献只有传为元朝帝师八思巴上师（Bla ma 'Phags pa Blo gros rgyal mtshan, 1235—1280）所传的汉译藏传密教仪轨文献集成——《大乘要道密集》，我们对它的研究也于近年取得了巨大的进展。[②] 此外，晚近十余年来，我们还分别在北京国家图书馆、台北故宫博物院和辽宁省图书馆等陆续发现了不少汉译藏传密教文献，对这些文本的研究极大地推进了藏传密教于西域与中原传播历史的研究，特别是对曾于元朝宫

---

① Shen, Weirong, "Reconstructing the History of Buddhism in Central Eurasia (11th–14th Centuries): An Interdisciplinary and Multilingual Approach to the Khara Khoto Texts", In A. Chayet, C. Scherrer-Schaub, F. Robin and J.-L. Achard eds, *éditions: l'écrit au Tibet, évolution et devenir*, München, 2010, pp.337–362; Shen, Weirong, "Chinese Tantric Buddhist Literature under the Tangut and Mongol Dynasties: Chinese Translations of Tibetan Ritual Texts Unearthed in Khara Khoto", *Eurasian Studies I*, Beijing, 2011.

② 沈卫荣：《〈大乘要道密集〉与西夏、元、明三代藏传密教史研究》,《大乘要道密集》，北京大学出版社，2012年，第57—86页。

廷内外传播的藏传密教的情形我们终于有了一个相当清晰的了解。

从对以上这些文献的初步研究中，我们可以看出藏传密教于元朝传播的广度和深度都远远超出了我们过去的想象，"大黑天崇拜"和"秘密大喜乐法"显然不是曾于元朝传播和修习之藏传密

图3-2　作为萨迦派法脉传承中的八思巴

法的全部内容。以元朝帝师为首的萨思迦派上师不仅从政治上，而且也从宗教上在蒙古大汗及其蒙元王朝与西藏地方的互动关系中扮演了最重要的角色。萨思迦派所传的根本法——道果法（lam 'bras）无疑曾经是元朝宫廷内外最受欢迎、传播最广的藏传密法。事实上，"大黑天崇拜"和"秘密大喜乐禅定"都可以算作是萨思迦派所传之道果法的组成部分。所谓"秘密大喜乐禅定"实际上就是道果法中的"欲乐定"修法，与《吉祥喜金刚本续》（*Hevajra Tantra*）之修法有密切的关联，《吉祥喜金刚本续》是道果法的根本所依。传说八思巴帝师曾经先后三次给元世祖忽必烈汗及其皇后和其他帝室成员授以喜金刚灌

顶，道果法于蒙古信众中的传播至少在元朝初年就已经开始了。

除了萨思迦派以外，几乎所有其他尚在形成中的藏传佛教教派都曾于蒙古朝廷内外有过相应的活动和或大或小的影响力。例如，在《大乘要道密集》中我们也见到了两位生活于元后期的著名藏传佛教大师的作品，它们是沙鲁派上师布思端（Bu ston Rin chen grub, 1290—1364）的《大菩提塔样尺寸法》和觉囊派祖师笃布巴摄啰监燦班藏布（Dol po pa Shes rab rgyal mtshan, 1291—1360）的《总释教门祷祝》。这二位大师都曾受到了元朝皇帝入朝的邀请，也都没有应邀入朝，但他们所传的教法显然也已经通过其他途径传到了中原。[①] 除了萨思迦派以外，噶举派，特别是噶玛（即明代所称之哈立麻巴）噶举派也曾在元朝蒙古宫廷中有过较大的影响，第三、四世噶玛（葛哩麻巴）派上师都曾应邀来蒙古宫廷传法，他们在元末蒙古朝廷中的影响力甚至被认为一度或曾超过了萨思迦派上师。与此相应，噶举派所传的教法和修习仪轨也曾于元朝，甚至也在元

① 沈卫荣：《元代汉译卜思端大师造〈大菩提塔样尺寸法〉之对勘、研究：〈大乘要道密集〉系列研究（一）》，《汉藏佛教艺术研究——第二届国际西藏艺术讨论会文集》，中国藏学出版社，2007年，第77—108页；张凌晖：《朵波巴摄啰监灿班藏布和他的〈总释教门祷祝〉》，沈卫荣主编：《文本中的历史：藏传佛教在西域和中原的传播》，中国藏学出版社，2012年，第284—300页。

以前的西夏王朝内广为传播。例如在《大乘要道密集》中出现了一批与"大手印法"相关的文本，这些文本或也与萨思迦派的道果法有关，但它们与噶举派的传承一定也有关联。而为噶举派修习之根本的《捺啰六法》（*Nā ro chos drug*），即拙火、幻身、梦、光明、中有和迁识等六种瑜伽修习法，则曾经是西夏和元朝密修藏传佛教者修习的主要内容之一，在俄藏黑水城文献和其他汉译藏传密教文献中都出现了大量与此六法修习相关的仪轨类文本。还有，本尊禅定无疑是藏传密教修法中的一个标志性的特点，在迄今所见到的汉译藏传密教文本中，我们发现了一大批修习各种本尊的仪轨，这说明本尊禅定的修法于当时已经相当普遍地流行了。在目前所见的这类本尊禅定仪轨中，又以修习观音菩萨本尊的文本最多，例如在中国国家图书馆中，我们发现了一共十八种修习观音菩萨的仪轨，其中有多部是第三世噶玛派上师览荣朵儿只（Rang byung rdo rje，1284—1339）所传的文本。[1] 有必要指出的是，藏传佛教的修习显然不只局限于蒙古宫廷之中，而是应该于元朝统治下的广大疆土内都有不同程度的传播。源出于元朝的大量汉译藏传密教文本在黑水城

---

[1]　安海燕：《两部明代流传的汉译藏传观音修习法本集——中国国家图书馆〈观世音菩萨修习〉、〈观音密集玄文〉初探》，《西域历史语言研究集刊》，第5辑，科学出版社，2012年。

的出现便说明藏传佛教在像黑水城如此边缘的地区也曾相当普遍地流行过，而且它的传播也不只是局限于蒙古人和西夏人中间，它也应该曾经于汉族信众中间广泛地流行过。

二

人们通常以为萨思迦班智达公哥监藏（Sa skya *paṇḍita* Kun dga' rgyal mtshan, 1182—1251）携同他的两位侄子八思巴罗古罗思监藏（'Phags pa Blo gros rgyal mtshan, 1235—1280）和恰那朵儿只（Phyag na rdo rje）于1240年代出使蒙古王子阔端（1206—1251）于凉州的营帐一事，及第二世葛哩麻巴上师葛哩麻八哈失（1204—1283？）于1250年代中期投归蒙古大汗蒙哥（1209—1259），是蒙古人最早接触藏传佛教的开始。现在看来，这个说法并不正确，蒙古人最早与藏传佛教接触或应当远远早于这个时间。[①] 迄今为止，人们没有明确地注意到

———————

① Atwood, P. Christopher, "The First Mongol Contacts with the Tibetans", Roberto Vitali ed., *Trails of the Tibetan Tradition: Papers for Elliot Sperling*, Amnye Machen Institute, 2014. Atwood 明确将蒙古与西藏人的最初的接触推至1240年代以前，这无疑是很有见地的。不过，我们应该对西藏和西藏人作更精细的界定，蒙古人与地处今安多（朵思麻）地区之藏人的接触无疑应当早于1240年代，但他们与乌思藏地区藏人的实际接触，不管是军事征服，还是宗教交往，恐怕主要还是在1240年代才开始的。而且，在元朝把西藏明确划分成"吐蕃三道"以前，朵思麻地区恐亦非明确为吐蕃地区的一个组成部分。

这样一个事实，即藏传佛教于西夏的广泛传播有可能对蒙古人最早接触藏传佛教产生了直接的影响。近年来，我们通过对藏传佛教于西夏传播历史的初步研究，和对西夏和蒙元两个时代所传藏传佛教义理和修法的对照和比较，发现蒙元时代藏传佛教于蒙古人中间的传播或植根于其于西夏时代已在广大中央欧亚地区打下的坚实基础，换句话说，藏传佛教能在蒙古人中间如此迅速地传播或有其明显的西夏背景。①

大概自13世纪后期开始，藏族史家便通常将西夏与印度、克什米尔、尼泊尔、于阗和蒙古等地区一样看成是一个以佛教为其国教的王国。与此相应，简单的西夏王统世系和佛教于西夏传播的历史通常是一部西藏文历史著作，或者说是其世界（瞻婆洲）佛教史中的一个有机组成部分。西夏王国自其建立开始，就想尽一切办法从其邻邦宋朝寻求佛法之引入，佛教曾在其立国过程中发挥过巨大的作用。②以往人们通常认为，汉传佛教和藏传佛教曾经作为两种独立的、不同的佛教传统同时

---

① Shen, Weirong, "A Preliminary Investigation into the Tangut Background of the Mongol Adoption of Tibetan Tantric Buddhism", In O. Almogi ed., *Contributions to Tibetan Buddhist Literature*, Halle, 2008, pp.315-350.

② Dunnell, Ruth W., *The Great State of White and High: Buddhism and State Formation in Eleventh Century Xia,* Honolulu, 1996.

在西夏王国境内传播和发展，形成了西夏佛教兼容并蓄的独特性质。近年来，大量来源于西夏时代的汉文和西夏文佛教文献陆续被重新发现，特别是在俄藏黑水城出土汉文佛教文献中，我们发现了一大批藏传密教仪轨类文献，对它们的初步研究或可表明藏传佛教是西夏王国内占主导地位的佛教传统，在西夏王国境内不管是在西夏人，还是在汉人中间，都曾经有大量的藏传佛教信众。至少在西夏王国的中后期，藏传佛教的影响力显然已经远远超过了汉传佛教。

有很多的理由可以引导我们得出上述这一结论。首先，对俄藏黑水城汉文文献之组成的初步分析即可告诉我们这样一个基本的事实，即汉文藏传佛教文献无疑是其中最主要和最精华的部分。俄藏黑水城出土汉文佛教文献由刻本和手稿本（抄本）两大部类组成，其中的刻本多为从梵文或者藏文翻译过来的佛教经续，而其中的手稿本则通常多是藏传佛教的各类仪轨，包括各种求修密教瑜伽、本尊禅定的要门和修法，以及与这些仪轨、修法相关联的密咒、陀罗尼和赞颂等等，其中包括一大批与修习被蒙古人视为"国之护神"的大黑天神相关的仪轨和密咒，它们显然都是佛教徒们平常实修时所用的修法和要门。这些文本的发现充分揭示西夏时代实际流行的佛教实践当以藏传密教的修习为主体，至少在以黑水城地区为主的中央欧亚地区,藏传密教应当主导了当时西夏人、蒙古人和汉人的宗教信仰和实践。①

第二,尽管传说曾经有3 579卷汉文佛经在西夏立国早期就被翻译成了西夏文,

图3-3 上海古籍出版社出版的《俄藏黑水城文献》

并形成了所谓的"西夏文大藏经",但现存的西夏文佛典却似乎在告诉我们一个与此不同的故事。现存黑水城出土西夏文佛典仅有310种,②其中至少有一半可以确认是从藏文翻译过来的,而另一半中还有很大一部分来历不明,一时难以确定它们到底是从梵文,还是藏文,或者汉文翻译过来的。而那些明显译自藏文的西夏文佛教经续则当然是西夏时代的作品,其中不少也有与它们相对应的汉文译本同时见于黑水城出土文献中,

① Shen, Weirong, "Reconstructing the History of Buddhism in Central Eurasia (11th–14th Centuries): An Interdisciplinary and Multilingual Approach to the Khara Khoto Texts"; Shen, Weirong, "Chinese Tantric Buddhist Literature under the Tangut and Mongol Dynasties: Chinese Translations of Tibetan Ritual Texts Unearthed in Khara Khoto".

② Kyčanov, E. I., *Catalogue of Tangut Buddhist Texts*, Kyoto, 1999.

显然它们是同一时代的作品。假如历史上确实存在过一套完整的"西夏文大藏经"的话，那么，似乎今天还应该有更多的从汉文翻译过去的西夏文佛教文本存世，而不会是从藏文翻译过去的西夏文佛教文本占了现存所有西夏文佛典中的大多数。

20世纪90年代初，在位于西夏首府银川附近、贺兰山麓之拜寺沟的一座西夏时代留下的方塔中出土了数量相当可观的西夏文和汉文佛教文献。其中，我们见到了一部相当完整的西夏文译藏传密教续典及其释论，这部续典题为《吉祥遍至口合本续》，实际上即是藏文 *dPal kun tu kha 'byor zhes bya ba'i rgyud kyi rgyal po*，也即常被汉译作《三菩提本续》（*The Saṃputa Tantra*）的《吉祥真实相应本续》（*Dpal yang par dag par 'byor pa zhes bya ba'i rgyud kyi rgyal po*）的西夏文译本。[1] 这是藏传密教无上瑜伽部母续中的一部十分重要的续典，是《喜金刚本续》（*The Hevajra Tantra*）和《胜乐本续》（*The Cakrasaṃvara Tantra*）这两部最重要的无上瑜伽部母续之根本续的一部共通（同）的"解释续"（bshad rgyud），同时它还与《喜金刚本续》一起，构成萨思迦派所传之根本大法——道果

---

① 宁夏文物考古研究所：《拜寺沟西夏方塔》，文物出版社，2005年。

法所依据的最根本的续典。① 此外，在拜寺沟方塔中出现的汉文佛教文献中，我们可以辨别出的还有西夏时代汉译《圣吉祥真实名经》的残本和一部《胜乐本续》及其释论的残片，其中较完整的有传为印度大成道者噜余巴上师所传的一部题为《吉祥现证广释》(*Śrī bhagavadabhisamaya-nāma, dPal bcom ldan 'das mngon par rtogs par zhes bya ba*) 的著名的《胜乐本续》释论的残本。② 以上这些西夏文、汉文翻译之密教续典皆首次出现于藏文佛教文献以外的文献中，是研究藏传佛教于西域和中原传播历史的十分珍贵的资料。而如此众多的藏传密教无上瑜伽部的本续及其释论于西夏时代的出现，无疑都表明当时西夏王国境内所流行的佛教更倾向于以藏传密教为主体。

第三，我们已经知道以西番上师为帝师的制度并不是从元世祖忽必烈汗任命西藏萨思迦派五世祖八思巴上师为帝师才最早建立的，而是在西夏王国的时候就已经出现了。西夏的仁宗

① 沈卫荣：《西夏文藏传续典〈吉祥遍至口合本续〉源流、密意考述（上）》，同氏：《西夏佛教文献与历史研究》，甘肃文化出版社，2018年，第183—193页。

② 梁珏：《十一至十四世纪西域与内地的胜乐修持文献》，《文本中的历史：藏传佛教在西域和中原的传播》，中国藏学出版社，2012年，第98—129页；魏文：《〈最胜上乐集本续显释记〉译传考——兼论西夏上乐付法上师》，《中国藏学》2013年第1期，第78—85页。

图3-4　拜寺沟西夏方塔（网络图片）

皇帝（1139—1193年在位）应该是中国古代历史上第一位任命西番上师为其帝师，并让他们为非西番的君主提供宗教服务的国王（皇帝）。迄今为止，我们在西夏文、汉文和藏文文献中见到了很多位西夏帝师的名字，其中明显可确定为西番上师的至少有两位，其中第一位名藏卜巴管主僧哥（gTsang po pa dKon mchog seng ge，？—1218/1219），他是第一位噶玛噶举派祖师知三世（Dus gsum mkhyen pa，1110—1193)的弟子。据称知三世上师本人获得了西夏国王入朝的邀请，但他只是派他的弟子藏卜巴代他出使，后者被称为"藏巴帝师"（gTsang pa *ti shri*），显然出任西夏国王帝师一职很多年，直到1218/1219年于凉州（今甘肃武威）圆寂为止。他的继承人名为帝师相儿加思罗思巴（*ti shri* Sangs rgyas ras pa，1164/1165—1236)，是一位拔绒噶举派（'Ba' rom bKa' brgyud pa）的上师，他于1196/1197年到达西夏王国，居此长达二十七年之久，于1219年被任命为帝师。他的后继者是桑瓦罗思巴舍剌赏竹（gSang ba ras pa dkar po Shes rab byang chub, 1198/1199—1262），似为西夏土著，经历了西夏与元朝的更迭，曾得到过元世祖忽必烈的赏识。①

----

① Dunnell, Ruth W., "The Hsia Origins of the Yüan Institution of Imperial Preceptor", *Asia Major* 5 (1), 1992, pp.85-111; Sperling, Elliot, "Lama to the King of Hsia", *Journal of the Tibet Society* 7, 1987, pp. 31-50; Sperling, Elliot, "Further Remarks Apropos of the 'Ba'-rom-pa and the Tanguts", *Acta Oriertalia Academiae Scientiaram Hungaricae* 57 (1), pp. 1-26; 聂鸿音：《西夏帝师考辨》。

此外，在汉文文献中至少还出现过另外两位西夏帝师，其中第一位名贤觉，他曾是西夏地位最高的国师，曾与国王一起最后厘定了汉译《圣胜慧到彼岸功德宝集偈》('*Phags pa shes rab kyi pha rol tu phyin pa yon tan rin po che bsdud pa tshig su bcad pa*）的文本。贤觉帝师的真实身份至今尚难确定，立于西夏仁宗乾佑七年（1176）的甘州黑水桥碑中提到了一位贤觉圣光菩萨，他是黑水桥的建造者之一，他或可能与贤觉帝师指的是同一人。在甘州黑水桥碑的藏文版中，贤觉圣光菩萨的名字写作 'Phags pa byang chub sems dpa' 'od zer。[①] 在前述西夏帝师藏卜巴管主僧哥的藏文传记中，我们曾经见到过他的一个简短的转世系列，藏卜巴之前的转世、西夏法主之上师名为 rGya Be bum ring mo 或者 rGya Byang chub sems dpa'，换言之，后者也可能在藏卜巴之前出任过西夏王室之帝师。而在 Be bum ring mo 和 Byang chub sems dpa' 之前的 rGya，显然是 rGya nag，即汉地之简称，此即是说，这位在藏卜巴之前出任西夏帝师的上师有可能是一位来自汉地的上师。鉴于他的名字被称为 rGya Byang chub sems dpa'，译言"汉地菩萨"，他或与

---

① 王尧：《西夏黑水桥碑考补》，《中央民族学院学报》1978年第1期，第53—65页。

黑水桥碑中出现的贤觉圣光菩萨，或者说贤觉帝师，指的是同一个人。贤觉帝师或有可能是一位汉族上师。

在汉文文献中出现的第二位西夏帝师名"大乘玄密帝师"，在见于《大乘要道密集》中的一部对萨思迦派所传道果法之根本经典《道果根本金刚句偈》（*Lam 'bras bu dang bcas pa'i rtsa ba rdo rje'i tshig rkang*）的长篇释论——《解释道果语录金刚句记》中，提到了一位"中国大乘玄密帝师"的道果法传人。这里所说的"中国"当然并非指我们今天所说的"中国"，而是指所谓"西番中国"，它或当与藏文 bod yul dbus 对应。在当时的西夏人看来，西番已经是佛教世界之中国（中心），故称其为"西番中国"。在同样见于《大乘要道密集》的另一部题为《大手印渐入顿入要门》的文本中，出现了一个详细的宗承上师名录，其中"玄密帝师"被列为著名的噶举派祖师铭移辣啰悉巴，即 Mi la ras pa（1105—1135）的二传弟子。综上所述，西夏时代被任命为帝师者有可能大部分是来自西番的上师这一事实即可说明，西夏时代所流行的佛教修习当以藏传佛教为主导。

蒙古对西夏的征服是在一代天骄成吉思汗时期进行的，它历时二十余年，经历了很多艰苦卓绝的军事对抗，最终完成于1227年。而萨思迦班智达携八思巴等两位侄儿投归蒙古王子阔端凉州营帐一事则发生在1246年，此时离蒙古征服西夏已有近二十年的时间了，其间蒙古人无疑早已经在其被征服者西夏人那里接触到了藏传佛教，所以，萨思迦班智达和八思巴不可能是最早在蒙古人中间传播藏传佛教的西番高僧，甚至萨思迦班智达也不是第一位在西夏和蒙古人中间传播藏传佛教的萨思迦派上师。萨思迦班智达自己的一位上师名gCung po ba Jo 'bum者就曾经担任过西夏国王的御用上师（bla mchod），后者在藏文文献中也常常被称为"国师"。萨思迦班智达曾造一部《上师瑜伽》仪轨，专门献给这位国师。[1] 另外，传说西夏王族的一支在其被蒙古征服前后便移居西部藏区与纳里速古鲁孙（即今阿里三围）相邻的拉堆（La stod）北部地区，与萨思迦毗邻，或也即因为与萨思迦派有比较密切的关联而很快便发展成为一支藏地西部的地方豪强，以致成为后来元朝在乌思藏地方设立的"十三万户"（khri skor bcu gsum）之一。[2] 这也从另一个侧面说明萨思迦派上师与西夏王室之间的密切关系。可

---

[1] Sa skya paṇḍita, Bla ma' i rnal ' byor gug shi jo ' bum ma, Sa skya bka' ' bum, vol. 5, 343.4.1–345.1.4.

[2] Petech, Luciano, *Central Tibet and the Mongols, the Yuan-Sa-skya period of Tibetan History*.

以肯定，萨思迦派于西夏王国境内传播藏传佛教之教法和修习一定不是从萨思迦班智达出使蒙古王子阔端于凉州的营帐才开始的。[①]

还有，在《大乘要道密集》中我们见到了三部解释萨思迦派所传道果法的根本经典《道果根本金刚句偈》的长篇释论，它们分别是《解释道果金刚句记》《解释道果逐难记》和《依吉祥上乐轮方便智慧双运道玄义卷》。其中前两部署名为"西蕃中国法师禅巴集"，而禅巴则被指为萨思迦初祖公哥宁卜（Kun dga' snying po, 1092—1158）的弟子。[②]值得一提的是，至少《解释道果金刚句记》和《解释道果逐难记》也同时有西夏文译文传世，甚至《道果根本金刚句偈》也曾有西夏文译文存在，已知被翻译成西夏文的萨思迦派上师的著作至少还有萨思迦三世祖葛剌思

[①] 于元朝蒙藏关系史上，萨思迦班智达与阔端王子的"凉州之会"自然是一个非常重要的历史事件，学界对它的研究很多，但迄今多从政治意义上着眼，而对它于宗教意义上的重要性则注意不多，许多史实尚有待澄清。特别是有学者对阔端给萨思迦班智达的召请书和著名的萨思迦班智达致番人书的真伪提出了明确的质疑，需要对它们作进一步的文本研究。参见Jackson, P. David, "Sakya Pandita's Letter to the Tibetans: A Late and Dubious Addition to his Collected Works", Gray Tuttle and Kurtis R. Schaeffer ed., *The Tibetan History Reader*, New York: Columbia University Press, 1990/2013, pp. 241–246.

[②] 《大乘要道密集》卷三《解释道果逐难记》。

图3-5 《萨思迦派祖师肖像图：葛剌思巴监藏与萨思迦班智达》，十六世纪唐卡，纽约鲁宾博物馆藏

巴监藏（Grags pa rgyal mtshan，1147—1216，译言名称幢）所作的《具吉祥净治恶趣续总义》。如此众多的西夏时代汉译、西夏文译萨思迦派所传道果法文本的出现，无疑证明萨思迦派所传之教法早已在西夏时代在西夏境内有了相当广泛的传播。蒙古王子阔端邀请萨思迦班智达叔侄来凉州入朝不应该被看作是萨思迦派于西域和中原弘传其教法的开始，而或更应该是萨思迦派之影响早已深入西夏王国之领土的自然结果。①

　　蒙古如此迅速地接受藏传佛教植根于其十分深刻的西夏背景这一事实我们或也可以通过对这两个时期所传藏传密教的具体内容的比较研究而看得更为清楚。如前所述，在元代中国流行最普遍的藏传佛教之仪轨和修习是摩诃葛剌（即大黑天）崇拜，和与《吉祥喜金刚本续》更确切地说是与萨思迦所传之道果法相关的种种瑜伽修习法。而在黑水城出土文献中，我们发现了大量与摩诃葛剌崇拜相关的各种文本，其中既有传自西夏时代的，也有传自元代的。例如，一部源于西夏时代的题为《大黑根本命咒》的文本，是目前所见的一部最完整的修习摩诃葛剌的瑜伽修法类汉文文本。摩诃葛剌和金刚亥母曾经是

---

① Shen, Weirong, "A Preliminary Investigation into the Tangut Background of the Mongol Adoption of Tibetan Tantric Buddhism".

西夏王国时期最受欢迎的两位护法神，他们的塑像和绘画在保存至今的西夏时代的佛教艺术品中出现最多。这表明蒙元时代流行的大黑天崇拜应该与西夏时代早已普遍崇拜和修习大黑天神的习俗有关。我们不应忘记的是，传为西夏人的著名佛教上师拶弥译师相儿加思葛剌思巴（Rtsa mi lo tsa ba Sangs rgyas grags pa）是最早将摩诃葛剌修法从印度引进西藏的主要人物，今见于早期藏文佛典中的大部分有关摩诃葛剌修法的文本就是拶弥译师翻译的。[①]

在成书于南宋时期的一部汉文史籍《黑鞑事略》中，我们读到了以下一则故事："某向随成吉思攻西夏，西夏国俗自其主以下皆敬事国师，凡有女子，必先以荐国师而后敢适人。成吉思既灭其国，先脔国师。国师者，比邱僧也。"[②] 这段记载与其后元代汉文文献中出现的许多妖魔化和色情化了的番僧形象异曲同工，或为其先声。当然这或表明藏传密教中与男女双修相关的瑜伽修习法极有可能在西夏时期就已经有了一定程度的

---

① Sperling, Elliot, "Rtsa-mi lo-tsa-ba Sangs-rgyas grags-pa and the Tangut Background to Early Mongol-Tibetan Relations", In P. Kvaerne ed., *Tibetan Studies: Proceedings of the 6th Seminar of the International Association for Tibetan Studies. Fagernes 1992*, Oslo, 1994, pp.801–824.

② 王国维：《蒙鞑备录、黑鞑事略笺证》，文殿阁书庄，1936年，第108页。

传播了，西夏人至少对这样的密法修习已经不完全陌生了。随着萨思迦道果法的传入，与喜金刚和胜乐金刚相关的各种瑜伽修习法显然也已经在西夏境内广泛传播，在《大乘要道密集》和黑水城出土文献中，我们都见到了一系列有关修习喜金刚和胜乐金刚的仪轨，其中既有西夏文本，也有汉文本。更加普遍的是与《捺啰六法》相关的各种瑜伽修习仪轨充斥于源出于西夏时代的佛教文献之中。从我们目前所能够掌握的西夏和蒙元时代的佛教文献来看，可以说所有曾经在元代所传的藏传密教教法和修习也都已经见传于西夏时代了。蒙古对西夏的征服不但没有中断藏传佛教于西夏人中间的传播，相反它最终给西夏人，以及曾经为他们提供宗教服务的西番僧传播藏传佛教提供了一个更加广阔的舞台。随着被很快就皈依和信仰了藏传佛教的蒙古领袖军事征服的世界越来越广阔，藏传佛教传播的舞台也越来越广阔。原先曾经是西夏国王之帝师、国师的西番僧人，摇身一变而成为蒙古君主的国师和帝师，元朝建立了远比西夏王朝更加完整和固定的帝师制度，帝师不但统领天下释教，而且还对西藏地方的行政统治负有巨大的责任。虽然，元朝的帝师一职为萨思迦款氏家族的上师世袭担任，但藏传佛教其他教派的上师们也同样得到了蒙古君王的青睐和支持，即使像觉囊派和沙鲁派这样的小教派，其上师也都曾获得过元朝皇帝的入朝邀请，而来自噶举派的上师则不断有来到中原并在元朝宫廷内外传法者，最近有很多出自第三世噶玛噶举派上师览荣朵儿只所传的观音菩萨修法的元、明时代的汉文译本出现在中国国家图书馆的稀见善本图书之中，它们的发现和认定为我们认识这段历史提供了新的依据。

三

明朝是一个汉民族推翻了外族征服王朝之后重新建立起来的以汉族为统治主体的王朝，在结束了百余年所谓"冠履倒置"的胡人统治之后，明朝廷常以"式我前王之道"为标榜，以恢复、重建华夏王朝之统治秩序为己任。尽管如此，明朝的制度在很多方面继承了其前朝——蒙元王朝留下的既定设施，其立国的基础在很大程度上即是对其前朝留下的政治遗产的继承。蒙元帝国虽然立国不足百年，但它在中国古代历史上对其继承者的巨大影响则难以忽视。与曾经拥有无坚不摧的军事力量的蒙古统治者相比，明朝明显缺乏足以征服世界和统治一个拥有辽阔疆土的伟大帝国的军事力量，如果不是有蒙元帝国留下的宝贵的遗产可以继承，很难说明朝统治者有足够的能力、或者野心来征服和经营像西藏这样遥远和广阔的边疆地区。按照明代汉文文献的说法，纳入明朝版图内的许多边疆地区，都是因为"慕义来廷""望风款附",或者"不劳师旅之征"而得,这或并非是溢美的套话。倘若没有元朝打下的疆域基础,确实很难想象明朝能有此魄力和实力重建起一个疆域辽阔的大帝国。[1]

长期以来,在西方学界流行着这样的一种说法:由于明朝缺乏足够的军事力量,难以与西藏发生实际的关系,所以明朝中央政府与西藏地方没有很多的关联。这种说法表面听起来似乎很有道理,但稍一深究即可发现它显然只是一种想当然的猜测,毫无历史根据可言。事实上,明代的政治和军事力量根本就不是像今天他们所想象的那样虚弱,特别是在明朝立国初期,即明太祖洪武年间(1368—1398)和明成祖永乐年间(1403—1424)。虽然明朝像世界历史上任何其他国家的其他王朝一样,从来不曾拥有过像蒙古人一样足以征服世界的军事力量,它甚至也难以完全征服盘踞于其北方的蒙古残余军事势力,但是,这并不表明明代中国就一定是一个军事弱国。试想"郑和七次下西洋"这样世界历史上的伟大壮举就发生在明永乐年间,它怎么可能只是一个虚弱到甚至无法和西藏发生任何

---

[1] Shen, Weirong, "Accommodating Barbarians from Afar: Political and Cultural Interactions between Ming China and Tibet", *Ming Studies* 56 (1), 2007, pp.37–93.

军事关联的王朝呢？显然，这只是从今天的立场出发而对古代历史的想象。事实上，明初的中国一定拥有足够的军事力量可以对像西藏一样完全缺乏强大的军事力量的边境地区采取积极的军事行动，只是这样的军事行动在当时明中央政府处理与西藏地方关系的过程中似乎完全是不必要的。

元朝对西藏地方近百年的有效统治，已经为明代全盘接收元代在西藏已经建立起来的行政管理体制打下了坚实的基础，使其在不必采取重大军事行动的前提下继续实施对西藏的有效统治。若稍稍回顾一下西藏的历史我们便可知道，自公元9世纪中叶吐蕃帝国崩溃以后至蒙古征服西藏以前，西藏实际上再也没有获得过真正的统一，并成为一个独立的政治实体。在经历了蒙元王朝近一百年的统治之后，对于西藏人来说一个作为他们的超级领主的"东方大皇帝"的存在看起来已经是一个可以被接受的事实。元末整个乌思藏地区最具政治影响和军事力量的大人物无疑首推伯木古鲁万户长大司徒赏竺监藏（Byang chub rgyal mtshan，1302—1364），在他领导下的伯木古鲁噶举派和其背后的强大的支持者朗氏家族显然取代了款氏家族主导下的萨思迦派而成为乌思藏地区之实际领袖。也正因为如此，西方有学者甚至把赏竺监藏当作14世纪一位有意要复兴西藏民族统一大业的民族英雄式的人物。然而，我们不应忘记的是，这位鼎鼎大名的大司徒原本是元朝封赏的三品官人，他之所以被称为"大司徒"无非是因为他是元朝在乌思藏所封十三万户之一的伯木古鲁万户的万户长，元朝给万户长正三品官衔，赐虎头符，并加赐"大司徒"称号。值得一提的是，正是这位权重一时的大司徒赏竺监藏却在其临终前郑重地留下了遗嘱，告诫其子孙后代"东方皇帝过去曾眷顾过我们，若现在依然眷顾［我们］，则我等当遵守国王的法律，做好迎送［朝廷之］金字使者之服务等；对于以具吉祥喇嘛丹巴为首的大寺院萨思迦之无垢的宗承族师，我等一定要恭敬侍候，此事十分重大。"[1] 言语间似乎毫无要背叛蒙元王朝及其于乌思藏的代理人萨思迦上师的意思。[2]

显然，他的子孙后代也没有忘记他的教诲，他的曾孙葛刺思巴监藏（Grags pa rgyal mtshan）被人称为伯木古鲁的 *bde*

---

[1] 大司徒赏竺监藏（Tva si tu Byang chub rgyal mtshan）:《朗氏家族史》（*rLang kyi po ti bse ru rgyas pa*），西藏人民出版社，1986年，第428页。

[2] 晚近有学者专门对大司徒赏竺监藏的王权思想做了非常深入和有启发的研究，指出从他自己的遗命式的传记类史学作品《朗氏家族史》来看，大司徒根本没有要做藏王的意思，而是把自己当作是一位仆从式的领主（servant-like lord）。他的藏王形象实际上是五世达赖喇嘛在《西藏王臣记》中对他的刻意塑造。参见 Gamble Ruth and Yangmotso, "Servant-like Lords and Heavenly Kings: Jangchup Gyeltsen and the Fifth Dalai Lama on Governance and Kingship", *Cahiers d'Extrême-Asie* 24, 2015，pp. 145–168.

srid（"第悉"），甚至 *gong ma*（相当于"国王"），在他在位期间当是伯木古鲁的全盛时期，其政治和军事力量达到了顶峰，因此，他在当时的乌思藏地区无疑是最有权势的人。可即使是他，却依然对当时的东方皇帝——明代永乐皇帝的军事威慑力十分忌惮，可谓诚惶诚恐。我们在晚近新发现的一部明代汉译明封大智法王班丹扎释（dPal ldan bkra shis）的传记《西天佛子源流录》里面读到了如下一则故事：

> 三十四岁，[班丹扎释] 在乌斯国遍历胜境，参诸知识，修习禅观。太宗文皇帝 [怒] 乌斯王 [即伯木古鲁"第悉"] 逆旨，欲遣大兵取乌斯国。彼时国王心甚恐怖，与其部下议之。王曰：'圣朝天兵若临此土，必如破竹，人民何以图生？若之奈何？谁人为我分释此难？'部下众所推举佛子，而谓王曰："此上人者，深达教相，方便多能，求浼赴京，代王谢罪，必得解释此危。"王亦曰："然。"佛子彼时乐处禅定，彼王虔意谓佛子曰："当为我等消释此难，依我所请。"佛子答曰："我欲于此依大宗师，忏罪修禅，有所疑悔，亦可印证。"王请再三，谓佛子曰："汝不为我施设方便，其如我国众生何？其复如教门慈悲利益何？若天兵一临我境，佛子修习之处亦莫得也。"于是以

王固请加诚，又奉法王慈旨，乃为允诺，携王之姪及三十人，自乌斯国南还。——直抵大京，进见太宗文皇帝。而佛子引乌斯国王姪代谢其罪，陈说其情，圣心大悦，恩赐甚加，允佛子所奏，即住兵，赦乌斯王罪，不伐其国。[1]

从以上这个故事中我们可以看出，说当时的明朝没有征服西藏的军事力量显然是没有根据的，至少它哪怕是相对的强大也已经足以震慑当时西藏之地方豪强，明朝没有在西藏动武并不等于明朝缺乏足够的军事力量，而是没有动武的必要。明朝以相对和平的方式建立起了它对西藏的行政管理体制，明初的治藏方略基本上是建立在它对蒙元王朝统治西藏制度的继承和改变之上的。

明朝建立初年，它基本上

图3-6　张润平、苏航、罗炤编著《西天佛子源流录——文献与初步研究》

① 张润平、苏航、罗炤编著：《西天佛子源流录——文献与初步研究》，中国社会科学出版社，第165—166页。

完全承认和全盘接收了元朝在西藏的统治体制，所有曾经被元朝任命为官员的旧臣只要出示故元朝廷颁发的凭据，或经人举荐，即可得到明朝廷的承认和再任用，哪怕有些元代封赐的官员名称实际上已经不再是明代官僚制度的组成部分了。例如，《明实录》中记载"永乐十一年二月己未——授锁巴头目剌昝肖、掌巴头目扎巴、八尔土官锁南巴、仰思都巴头目公葛巴等俱为司徒，各赐银印、诰命、锦币。司徒者，其俗头目之旧号，因而授之。"[1]这里提到的这几位头目实际上分别是藏地拉堆洛（La stod lho）、拉堆绛（La stod byang）、江孜（rGyal rtse）和俺卜罗（Yar 'brog）等地方的首领，他们或都曾经是元代先后在乌思藏地区所封诸万户的万户长，故享有"司徒"之名号。而明朝的官僚制度中本来并无"司徒"这一职称，永乐皇帝之所以诏封以上诸位西番头目为"司徒"，无非是表示他对元代治藏之旧制的承认和接收。[2]

　　明朝先后在西番地区建立了三个行都指挥使司，分别是西

---

　　① 《明实录·成祖》卷八七，永乐十一年二月条。

　　② Shen, Weirong, "Tibetan Tantric Buddhism at the Court of the Great Mongol Khans: Sa skya paṇḍita and 'Phags pa's Works in Chinese during the Yuan Period", Quaestiones Mongolorum Disputatae, *Journal of the Association for International Studies of Mongolian Culture*, 2005, pp.61–89. 沈卫荣：《明封司徒锁巴头目剌昝肖考》，《故宫学术季刊》，卷17，第1号，台北，1999年，第103—136页。

安行都指挥使司（即河州行都指挥使司，治朵思麻地区）、朵甘［思］行都指挥使司和乌思藏行都指挥使司。显然明代的这三个行都指挥使司与元朝在整个西藏地区分设的吐蕃等路（朵思麻）、吐蕃等处（朵甘思）和乌思藏纳里速古鲁孙等三个宣慰使司都元帅府，即藏文文献中所说的 bod kyi chol kha gsum（"吐蕃三道宣慰司"），是一脉相承的，它们各自的治地也依然还是灵藏、馆觉和萨思迦。明朝通过将元代的"宣慰使司都元帅府"改名为"行都指挥使司"的方式，把本来属于其前朝的统治制度改变为明朝自己的统治制度，顺利地接收了这一笔其前朝留下的珍贵的政治遗产。有必要再次强调的是，元朝对"西番三道宣慰司"的划分，不但直接影响了明代在相同地区设立的三个"行都指挥使司"，而且对于今后西番这三个不同地区与中原的政治关系以不同形式发展也有着相当持久的影响。比较而言，朵思麻和朵甘思两个地区日渐与陕西和四川行省建立起了相当紧密的联系，而乌思藏地区不但在行政管理上保持了相对的自主，而且在宗教文化上也更多地维持了其原有的传统。[①]

　　当然，至少在明代前期乌思藏地区还处在明中央政府的直

---

① Shen, Weirong, "On the History of the Gling Tshang Principality of mDo khams during Yuan and Ming Dynasty", In D. Schuh, P. H. Maurer and P. Schwieger ed., *Tibetstudien, Festschrift für Dieter Schuh zum 65. Geburtstag*, Bonn, 2007, pp.227–266.

接行政管辖之下，而且这种直接的行政管辖与元朝一样深入到了西藏社会的最基层。明朝在乌思藏行都指挥使司之下，还分设了许多更低一层级的"行都指挥使司"，或者"卫"，作为乌思藏行都指挥使司辖下的下级行政单位。按照藏文历史文献的说法，至元朝末年以萨思迦派为主导的"乌思藏十三万户"已经被伯木古鲁派所主导的所谓"乌思藏十三宗"所取代，而被列入"十三宗"（rdzong）的有"领思奔"（Rin spungs pa）、牛儿寨（sNe'u）、三竹节（bSam grub rtse）等等，它们都曾经是被伯木古鲁万户所倚重的家奴、重臣和亲信，被用来取代前朝的十三万户，代伯木古鲁分镇乌思藏各地，他们于乌思藏地方行政管理中的位置和作用当与前朝所封的十三万户基本相同。[①] 从目前的研究来看，不管是"乌思藏十三万户"，还是"乌思藏十三宗"，其中的"十三"这个数目很可能只是一个虚指的数字符号，西藏人习以"十三"为一个吉祥的数目，"十三万户"和"十三宗"都说是乌思（dbus）有六个，藏（gtsang）有六个，另有一个则介于乌思和藏之间，加起来总共十三。但至少从我们在藏、汉文献中见到的拥有万户名号的

---

① van der Kuijp, Leonard W. J., "The Tibetan Expression, bod Wooden Door (bod shing sgo) and its Probable Mongol Antecedent".

乌思藏地方势力则远远超过了十三个，而且"十三万户"显然
也不都是一次性地分封、建立起来的，而是在一个长时间内渐
次建立起来的，有些像江孜（当时也称仰思多Nyang stod）等
名号恐怕是随着其政治势力的不断增强而在元后期才加封的。
需要强调的是，不管是十三万户的万户长，还是十三宗的宗
本，严格说来他们都不是萨思迦，或者伯木古鲁万户的私臣，
虽然他们确实与后者都有着极为紧密的联系。如果从元、明两
代之整体历史的角度来审视西藏地方历史的话，我们可以肯定
地说西藏历史上既没有出现过一个萨思迦王朝，也没有出现过
一个伯木古鲁王朝，就像拥有"司徒"或者"大司徒"名号的
乌思藏十三万户的万户长都是元朝中央政府直接任命的三品官
一样，乌思藏十三宗的宗本也曾是明代中央政府任命的地方官
员，他们中有很多被任命为行都指挥使司的指挥使，或者都
刚，更多的则被授以司徒、灌顶国师等显赫的名号。对他们各
自的职务的任命，和他们作为地方官员与明朝政府间的互动在
《明实录》中时有记载，他们与明朝廷直接往来之密切足以给
人留下极为深刻的印象。[1]若对这样的记载熟视无睹，却凭空

[1]　Shen, Weirong, "Accommodating Barbarians from Afar: Political and Cultural Interactions between Ming China and Tibet"; Shen, Weirong, "On the History of the Gling Tshang Principality of mDo Khams during Yuan and Ming Dynasty."

说明朝因为没有足够的军事力量而与西藏没有发生很多关联则实在不应该是历史学家们的做法。

主要依靠照盘接收元朝在西藏留下的既存行政管理体制，明朝初年以和平的方式成功地建立起了它自己在西藏地区之行政管理制度。可是，颇为不幸的是，明朝很快就改变了它治理西藏等边疆地区的政治策略和方向。在直接继承元朝的很多统治制度和先例的同时，明朝的政治制度也发生了很多根本性的改变。其中一项对明朝的边疆政治产生了巨大影响的改变便是明朝政府重新祭起了所谓"严夷夏之辨"的大旗，以此来建立起明朝作为华夏正统的身份定位，并与作为外族征服王朝的元朝统治区别开来。于是，与以前所有以汉族为统治者所建立起来的中央王朝一样，明朝中央政府自觉地与其周边的边疆民族在政治上和文化上都保持距离。与此相应，明朝对西藏的施政一改元朝的直接的政治、军事和经济等各方面的行政统治方式，而改为以"怀柔远夷"为最初的出发点和最后的目标。将蒙元王朝的大蒙古兀鲁思式的政治秩序改变为"严夷夏之辨"和"怀柔远夷"式的保守的边疆政策，彻底地改变了明朝中国其与像西藏一样的边疆地区之间的政治和文化关系。

随着明朝边疆政治方向的根本性的改变，很快洪武年间在西藏地区设立的这三个"行都指挥使司"对于明朝管理西藏地方的重要性开始被忽略，渐渐变得可有可无，最终沦为一个徒有虚名的空壳子。西藏被明人视为"八夷"之一，藏人成为明王朝需要怀柔的远夷。于元代藏文文献中，被蒙古人称为"南人"的南宋臣民曾被藏人称为"蛮子"（sman tshe），西藏人显然与蒙古人建立了比蒙古人与"蛮子"们之间更加紧密的同盟，与此同时也非常紧密地处于蒙古元朝的直接统治之下。而当西藏人被明朝的汉人统治者当作"蛮子"来交往的时候，他们实际上变成了处在明朝统治中心之外的化外边民，严格说来，他们已不再被当作是明朝直接的"编户齐民"了。为了"严夷夏之辨，免致夷狄杂处中华"，明朝仅以蛮夷能够称臣纳贡、不为边患为满足。在这样的指导思想影响之下，来自西藏的地方官员和主要寺庙的僧人定期入朝纳贡便成了西藏地方与明朝中央关系的主要内容，见于《明实录》中的有关西藏与朝廷关系的记载多半就是来自西藏的源源不断的朝贡与接受封赏的记录，而在蒙元时代朝贡根本就不是它与西藏地方发生关系的重要项目。有明一代，只要藏人安分守己、定时来朝，则朝廷一定待以殊礼、封以显号，并给予丰厚的赏赐，乃至国库空竭也在所不辞。入朝朝贡曾经是西藏僧俗人等热衷的一项利益丰厚的生意，以致络绎道途、往来于西藏与帝都之间的西番僧俗之众，远甚于前朝。①

众所周知，西番僧曾因于元末宫廷中传播秘密大喜乐禅定而被认为是元朝失国之罪魁祸首，故明朝皇帝曾口口声声说要引此为前车之鉴。颇具讽刺意义的是，明朝的大多数皇帝们不但没有拒番僧于千里之外，相反却开门招纳，来者不拒。明朝常住北京二十余座藏传佛教寺庙中的番僧足有好几千人，而往来于道途作为贡使之番僧的数目则更加巨大。明朝曾入朝的番僧中最著名的有所谓"八大法[教]王"，他们是分属于萨思迦派、噶举派之伯木古鲁、必里公派（'Bri gung pa）、哈立麻派（Karma pa），以及新兴的格鲁派（dGe lugs pa）等教派的宗教或者政治领袖。此外，几乎所有乌思藏地区的著名寺院都曾与明廷发生过直接的联系，曾接受过明廷的封号，曾经定期入朝的寺院至少有噶当派的思纳尔党瓦寺（sNar thang）、乃宁寺（gNas snying），以及桑仆（gSang phu）、自当（rTse thang）、麦思奔（'Bras spung）、哩斡革尔丹（Ri bo dGa' ldan）、些腊（Se ra）、简失伦卜（bKra shis lhun po）等等。越到后期，明朝廷对西番僧的封赏就越发泛滥，甚至变

---

① Shen, Weirong, "Accommodating Barbarians from Afar: Political and Cultural Interactions between Ming China and Tibet".

得毫无节制。尽管像"法王""国师"这样的宗教性质的封号，并不像多半由传统的世俗地方贵族出任的"行都指挥使"一样属于明代正规的官僚制度的一部分，但其地位和影响力则渐渐地远远超过了"行都指挥使"和"都刚"等行政官员，并使后者日渐无足轻重，最终促成了传统地方贵族的彻底衰落和宗教寺院领袖之政治影响力的不断扩大。明朝大规模封赏番僧的做法说穿了不过是朝廷"怀柔远夷"政策的必然结果，而其效果则加速了西藏社会政治和宗教势力的急剧分化，某种程度上确实达到了"多封众建、分而治之"的实际效果。

藏传密教于中原的普遍流行无疑是元朝留给明朝的另一个十分重要的遗产。虽然西番僧于元末声名狼藉，但这丝毫没有妨碍明代皇帝们对他们的青睐和对他们所传密法的热衷。在"严夷夏之辨"思想的指导下，明朝廷不但明显缺乏以华夏文化教化西番蛮夷的雄心，而且还时时提防蛮夷"以彼蛮夷淫秽之俗，乱我华夏淳美之风"。但随着大量的西番僧进入中原，藏传密教自然于明朝宫廷内外十分广泛地传播开来。明朝的皇帝绝大部分热衷于藏传佛教的修习和传播，其中只有两个例外，一位是笃信道教的明世宗（1521—1565年在位），另一位是已经内外交困的明末皇帝明思宗（1627—1644

年在位），只有他们二位坚决地排斥藏传密教。

明朝皇帝对藏传佛教的热衷实际上开始于明太祖朱元璋，史载洪武年间（1368—1398）就"有西番僧星吉坚藏（Senge rgyal mtshan）为右觉义"，后者是明代建立的五大国寺之一鸡鸣寺的僧人。明太祖本人对元末来华的西天僧板的达撒哈咱实里（俱生吉祥）表现出了异乎寻常的热情，不但封其为"善世禅师""俾总天下释教"，而且多次赐以诗文，访其于钟山。西天僧作为元末宫廷传授大喜乐秘密法的同谋曾与西番僧一样声名狼藉，一般士人对二者并不加以严格的区分，朱元璋亲近西天僧至少说明他并不排斥藏传密教。明成祖是首位不但优待番僧，而且"兼崇其教"的明代皇帝，著名的"八大法王"中有七位就是由永乐皇帝亲自封赏的。他在位期间曾发生过两件对于明朝历史和西藏历史来说都具有深远意义的大事，一是邀请五世哈立麻上师来朝，并令其于永乐五年（1407）二月庚寅"率僧于灵谷寺建普度大斋，资福太祖高皇帝、孝慈高皇后"；一是于永乐年间镌刻了西藏历史上第一部西藏文大藏经的木刻版，即后人所谓的"永乐版甘珠尔"。哈立麻上师主持的这场荐福普度大斋是明成祖为改变其篡位者形象而导演的一场成功的政治"秀"，是他为导入藏传佛教以强化皇帝权力而作的一场宣言式的国家级仪轨。[①]而通过这场被后人称为"南京奇迹"的典礼的举行，藏传佛教也终于从元末以来受人诅咒的困境中走出，重又堂而皇之地开始在中原汉地广泛传播。而永乐版甘珠尔的镌刻及其于汉、藏、蒙古三地的流通，不但使西藏人首次拥有了他们自己文字的大藏经刻版，而且也推动了藏传佛教于西番、汉地以及蒙古地区的传播。[②]

图3-7 《噶玛巴为明太祖荐福图》长卷局部，明代，绢本设色，西藏博物馆藏

明成祖之后的明朝中期的诸位皇帝也都对藏传佛教十分热衷，明宣宗时（1425—1435年在位），朝廷取消了明初番僧居京

① Berger, Patricia, "Miracles in Nanjing: An Imperial Record of the Fifth Karmapa's Visit to the Chinese Capital", In M. Weidner ed., *Cultural Intersections in Late Chinese Buddhism*, Honolulu, 2000, pp.145−169.

② Silk, Jonathan A., "Notes on the History of the Yongle Kanjur", In M. Hahn, J.-U. Hartmann and R. Steiner ed., *Suhṛllekhāḥ: Festgabe für Helmut Eimer*, Swisttal-Odendorf, 1996, pp.153−200.

和进入宫廷内的禁令，番僧入居京师者骤然大增，番僧于宫内做佛事也已司空见惯。念梵咒、学番经、跳步叱成为明朝宫廷中的日常功课。明宫城内还修建有一座番经厂，专门刊印藏传佛教的经典和仪轨，以满足京城内外广大修习藏传佛教者之需要。于所有明朝皇帝中最信仰藏传佛教的无疑要数明武宗（1505—1521年在位），他自号领占班丹（Rin chen dpal ldan），自封为"大庆法王"，据称佛经梵语无不通晓。他一生所为最为人诟病者莫过于在宫中建豹房和派遣盛大的使团赴西藏迎请活佛两件事情。豹房初建于正德三年（1508）八月，最初由"善阴道秘戏"的色目人于永以善西天舞者以进，其间行为很容易让人想起元末宫廷中上演的秘密大喜乐法。其后，西番僧复成为在豹房内演法的主角，令武宗沉溺其中而不能自拔。迎请活佛的事发生在正德十年（1515），武宗派司设太监刘允率巨大的驿队往迎传说能知三生之活佛，即八世哈立麻上师不动金刚（Mi bskyod rdo rje，1507—1554)。整个迎活佛的过程是一场劳民伤财的闹剧，也是明朝历代皇帝崇佛的一个高潮。朝廷为此花费巨万计，内库黄金为之一匮，但不但没有如愿请到活佛，而且整个使团遭到袭击，死伤大半。等刘允丧败回京，武宗早已登遐矣。①

---

① 卓鸿泽：《演揲儿为回鹘语考辨——兼论番教、回教与元、明大内秘术》，《西域历史语言研究集刊》，第1辑，科学出版社，2007年，第227—258页。

　　显而易见，曾经发生在元末宫廷内的那些一度臭名昭著的来自西番的秘密修法在明代不但没有绝迹，相反变本加厉、屡见不鲜。明朝初年就有女僧诱引大家闺秀"奉西僧行金天之法"的传说，到了明朝中期的隆庆（1567—1572）、万历（1573—1620）年间，民间修习"欢喜佛""双修法"等竟又成为习以为常的事情，这样的记载多见于明人的笔记小说中。①而这样的现象也再次引起了汉族士人的反感和批评，尽管藏传佛教于明宫廷内外的流行愈演愈烈，但明代士人对它的贬低和攻击也相应地越来越激烈。不管是过分地强调明廷对番僧的优待和对番教的推崇是以政治利用为目的的，还是将番教演绎为"蛊惑圣主之心"的秘密法，或者直接将其斥责为异端、鬼教，或者喇嘛教——这一藏传佛教最著名的蔑称等，其实质均在于否认藏传佛教作为佛教传统之一个分支的宗教和文化意义，从而将西番民族固定在化外远夷的位置上。②

　　当然，明朝士人对藏传佛教的批判和蔑视并没有能够阻挡住番僧和番教于明朝的流行。近年来，我们在北京国家图书馆

---

　　① Shen, Weirong, "Accommodating Barbarians from Afar: Political and Cultural Interactions between Ming China and Tibet".

　　② Shen, Weirong, "Accommodating Barbarians from Afar: Political and Cultural Interactions between Ming China and Tibet".

和台北故宫博物院等地陆续发现了越来越多的汉译藏传密教文献，而通过我们对这些文献所做的初步的文本研究发现在这些通常被认为源出于元代的文献中有很大一部分实际上是明代的作品，这促使我们有必要对明代的汉藏关系，特别是对明代藏传佛教于中原汉地传播的历史做出全新的认识和评价。例如，在台北故宫博物院内藏有两部被称为镇院之宝的汉译藏传密教仪轨，它们是在明代正统年间由宫廷书法家用金泥书写的文本，十分精美。长期以来，它们被认为是元代帝师八思巴上师所传，由其弟子持咒沙门莎南屹啰翻译成汉文，分别题为《吉祥喜金刚集轮甘露泉》和《如来顶髻尊胜佛母现证仪》。这两部仪轨显然都与萨思迦派所传的"道果法"有关，分别是修持喜金刚和如来顶髻佛母的长篇仪轨，其内容都是编选、集译八思巴上师以及其他萨思迦派上师所造的多部相关仪轨而成，均为萨思迦派所传道果法修习的集大成之作。①

晚近，我们在北京国家图书馆善本部的稀见藏书中发现了两组汉译藏传密教文献，其中第一组也是与萨思迦派所传道果

---

① 安海燕、沈卫荣：《台北故宫博物院藏汉译藏传密教仪轨〈吉祥喜金刚集轮甘露泉〉源流考述》，《文史》2010年第3期，第175—218页；杜旭初：《〈如来顶髻尊胜佛母现证仪〉汉藏对勘及文本研究》，《文本中的历史：藏传佛教在西域和中原的传播》，中国藏学出版社，2012年，第317—366页。

忽必烈接受威尼斯商人的礼物，欧洲中世纪手稿彩图

元太祖成吉思汗肖像画，台北故宫博物院藏

作为萨迦派法脉传承中的八思巴像，美国鲁宾艺术博物馆藏

《噶玛巴为明太祖荐福图》部分，西藏自治区博物馆藏

《吉祥喜金刚集轮甘露泉》，台北故宫博物院藏

《修喜佛图》，故宫博物院藏

胜乐金刚与其眷属，唐卡，普利兹克家族藏

"菩萨皇帝"，丁观鹏《乾隆皇帝洗象图》局部，故宫博物院藏

元文宗皇帝
即濟雅圖圖特扯兒特穆爾武宗子在位六年起至
和元年戊辰終至順四年癸酉

元文宗画像，台北故宫博物院藏

图3-8　《吉祥喜金刚集轮甘露泉》，珍贵古籍，台北故宫博物院所藏

法相关的文献，其中多为《道果金刚句偈》（*Lam 'bras rdo rje tshig rkang*）的释论，或者与其相关的道果法的八部次等辅助仪轨。而另外一组是十八部观音菩萨的修法，它们或者是印度班智达米得兰左吉（Mitrayogi）所传，或者是第三世哈立麻上师览荣朵儿只所传，故均为噶举派的传规。令人惊讶的是，这两组汉译藏传密教文本显然只是原本卷帙浩繁的汉译藏传密教仪轨集成中的一小部分。属于萨思迦派所传道果法的那组文本中，有《密哩斡巴道果卷》一卷，而其明确标明为"卷十"，这即是说，《密哩斡巴道果卷》原本至少有十卷，或许更多，可惜流传至今的仅此一卷了。同样，包含了总共十八种观音修法的《修习法门》一卷，其前标明为"卷五"，而其足本至少也应该有五卷，这说明代所流传的传自噶举派上师的观音菩萨

成就法当远不止这一卷中的十八种。① 由此可见，有明一代，藏传佛教，不管是萨思迦派，还是噶举派所传的秘法，都曾经有过相当广泛的传播。

一下子发现了如此众多的汉译藏传密教文献，这促使我们必须对西夏、蒙元和明朝三代汉藏宗教文化交流的历史做出全新的认识。而最令人惊讶的发现是，这些汉译藏传密教文献中的大多数并不是元代，而是明代的作品。这一重大发现的取得起源于我们对曾经被认为是八思巴帝师之弟子的大译师莎南屹啰之身份的重新认识。莎南屹啰不但是见于《大乘要道密集》中的总共八十三种文本中的至少九种文本的署名译者，而且也是见于台北故宫博物院的《吉祥喜金刚集轮甘露泉》和《如来顶髻尊胜佛母现证仪》这两部长篇仪轨的译者，同时，见于北京国家图书馆中的一组与道果法相关的文本中的大部分也是莎南屹啰翻译的。就汉译藏传密教文献之数量和质量而言，莎南屹啰作为一名译师的成就和贡献差不多可与敦煌时期的吐蕃译师法成媲美。长期以来，人们想当然地把他认为是元代的译师，甚至确认他为八思巴帝师之亲传弟子，事实上这样的说法毫无根据。我们在《吉祥喜金刚集轮甘露泉》和《如来顶髻尊胜佛

---

① 安海燕：《两部明代流传的汉译藏传观音修习法本集——中国国家图书馆藏〈观世音菩萨修习〉、〈观音密集玄文〉初探》。

母现证仪》中分别见到了这两部文本中所载几种修法仪轨的宗承上师名录，而最后一代宗承上师乃八思巴帝师后之第五代师。八思巴上师圆寂于1280年，而元亡于1368年，八思巴之后的第五代传人恐有可能不是元代，而是明代人了。而且，列于这几种仪轨之宗承师名录之末的一位上师名雅纳啰释迷或者尼牙₂₌拿啰释弥，这个名字显然是梵文名字 Jñānarasmi 的汉文音译，华言"智光"。而稍稍熟悉明代佛教史的人或即知道，明初有位大名鼎鼎的汉族佛教上师就名智光，他曾受封为国师，是明初佛教界的领袖人物。智光国师也曾经是前面提到过的那位深得明太祖朱元璋敬重的西天班智达、善世禅师撒哈咱实里（俱生吉祥）的弟子，于洪武和永乐年间曾多次受明朝廷的派遣，前往印度、尼泊尔以及西番各地招揽西天僧和西番僧入朝。而在上述这几个宗承上师名录中，撒哈咱实里上师的名字就排在雅纳啰释迷之前，这明确说明这位雅纳啰释迷不是别人，他就是明代的智光国师。这么说来，这些由莎南屹啰所翻译的藏传密教仪轨都应当是传承到了明代才被翻译成汉文的，莎南屹啰译师无疑应当至少是智光国师的同时代人，如果不是更晚的话。[①]

---

① 沈卫荣、安海燕:《明代汉译藏传佛教文献与西域僧团——兼论汉藏佛教史研究的语文学方法》,《清华大学学报》2011年第2期。

在明代前期的北京，当曾有一个先以撒哈咱实里、智光国师为首，后以大慈法王释迦也失和大智法王班丹扎释为首的西域僧团的存在，其中既有来自印度和西番的僧人，但更多的是皈依了藏传密教的汉地僧众，他们修习和传播藏传密教，大量翻译藏传密教仪轨，形成京城中一个非常有特色的宗教团体。大译师莎南屹啰应当就是这个西域僧团中的一员，这个僧团中的很多汉人弟子都拥有梵文或者藏文的法名，就像智光法名雅纳啰释迷一样。根据其汉译文的品质来推断，莎南屹啰很可能是一位修习藏传密教的汉人弟子，莎南屹啰，译言福幢，或即是这位汉人译师的法名。尽管我们通常认为，以哈立麻派为主的噶举派上师从元后期开始就已经渐渐超越萨思迦派，成为更得蒙元和明朝统治者欢迎的藏传佛教宗派，但从我们今天所能见到的汉译藏传密教文献来看，萨思迦派所传的道果法在明朝初年依然是占据主导地位的藏传密法。撒哈咱实里、智光国师等人或都是萨思迦派的传人。而莎南屹啰则主要翻译了萨思迦派诸上师，特别是萨思迦三世祖葛剌思巴监藏的作品。由此可见，虽然政治上明代推翻了元朝，但在宗教上明朝取代元朝基本上没有打断藏传密教于中原汉地传播的进程。

第四章

从"大喜乐"和"演揲儿"中拯救历史

一

蒙古人于13世纪初在蒙古高原的崛起改变了整个世界的面貌,他们东征西战,所向披靡,彻底打破了东西方之间的壁垒和分隔,建立起了一个史无前例的跨越欧亚的大帝国,为世界建立起了全新的秩序。与此同时,蒙古人在征服世界和与世界交往的过程中也在很多方面改变了他们自己。蒙古征服世界给他们自己带来的一个最持久的影响或许就是蒙古人从此整体变成了藏传佛教徒,且历七百余年而不变。元朝实际统治西藏不过百余年,但因为藏传佛教这个纽带,蒙古和西藏之间紧密的政教关系绵延不绝。今日中国广大的西北地区近乎清一色为伊斯兰教所覆盖,可唯有蒙古人依然保持藏传佛教徒的身份认同。现今世界闻名的"达赖喇嘛"这个称号,原本是蒙古土默特部首领俺答汗(Altan Khan, 1507—1582)于1578年赐给第三世"一切智上师"索南加措(bSod nams rgya mtsho, 1543—

1588）的一个封号，而俺答汗自己的孙子云登加措（Yon tan rgya mtsho, 1589—1617）即被认定为第四世达赖喇嘛。即使是伟大的五世达赖喇嘛阿旺洛桑加措（Ngag dbang blo bzang rgya mtsho, 1617—1682），之所以能够成为西藏政教合一的领袖，也正是因为得到了蒙古和硕特部汗王固始汗（Gushri Khan, 1582—1655）的军事支持。由此可见，蒙古与西藏之间的政教关系曾经是多么的紧密。及至清朝，蒙古人对藏传佛教的信仰依然非常的坚定，所以，清朝的统治者必须借助西藏喇嘛的宗教影响力来制约蒙古，否则蒙古各部落难以被统治。雄才大略的乾隆皇帝（1735—1795年在位）曾在他御撰的《喇嘛说》中直言："各部蒙古一心归之（达赖和班禅喇嘛），兴黄教，即所以安众蒙古。"[1] 换言之，清朝皇帝即使为了安抚桀骜不驯的蒙古人也不得不推崇藏传佛教，所以正是藏传佛教将清朝、蒙古与西藏紧紧地连接在了一起。事实上，一直到20世纪，蒙古人通常将其经济收入的大部分用于"进藏熬茶"，这成为维持黄教（格鲁派）在整个卫藏地区政治上和经济上之优势的有力

---

[1]　Ferdinand Gustav Lessing, *Yung-ho-kung: An Iconography of the Lamaist Cathedral in Peking with Notes on Lamaist Mythology and Cult*, Stockholm, 1942, p. 59.

保障。[①]

然而，令人难以置信的是，由于在元代留下的汉文历史文献中几乎见不到任何具体、可靠的记载，迄今为止我们对于蒙古人最初是如何接受藏传佛教的，或者说藏传佛教最初是如何在蒙古人中间传播的，哪些藏传佛教的义理和修法曾经在蒙元时代（1206—1368）的蒙古佛教徒中流行过等等，几乎是一无所知。我们以往所能见到的有关这段历史的最详细的汉文记载出于元末明初的一部题为《庚申外史》的野史之中，它是这样说的：

> 癸巳，至正十三年（1353），脱脱奏用哈麻为宣政院使。哈麻既得幸于上，阴荐西天僧行运气之术者，号"演揲儿"法，能使人身之气或消或胀，或伸或缩，以蛊惑上心。哈麻自是日亲近左右，号"倚纳"。是时，资政院使陇卜亦进西番僧善此术者，号"秘密佛法"。谓上曰："陛下虽贵为天子，富有四海，亦不过保有见世而已，人生能几何？当受我'秘密大喜乐禅定'，又名'多修法'，其

---

① 达力扎布：《略论16—20世纪蒙古进藏熬茶》，《西域历史语言研究集刊》，第7辑，科学出版社，2014年，第349—372页。

乐无穷。"上喜，命哈麻传旨，封为司徒，以四女为供养，西番僧为大元国师，以三女为供养。国师又荐老的沙、巴郎太子、答剌马的、秃鲁帖木儿、脱欢、孛的、哇麻、纳哈出、速哥帖木儿、薛答里麻十人，皆号"倚纳"。老的沙，帝母舅也；巴郎太子，帝弟也。在帝前男女裸居，或君臣共被，且为约相让以室，名曰"些郎兀该"，华言"事事无碍"。倚纳辈用高丽姬为耳目，刺探公卿贵人之命妇、市井臣庶之丽配，择其善悦男事者，媒入宫中，数日乃出。庶人之家，喜得金帛，贵人之家，私窃喜曰："夫君隶选，可以无窒滞矣！"上都穆清为阁成，连延数百间，千门万户，取妇女实之，为"大喜乐"故也。①

从上引《庚申外史》的这段记载中，我们大致可以看出曾于元朝蒙古宫廷中流传的藏传佛教修法有两种，一种是"能使人身之气或消或胀，或伸或缩"的"运气之术"，或曰"演揲儿法"；另外一种是所谓"秘密大喜乐禅定"，或者又名"多修法"，像是藏传密教中有的男女双修之法，在这里听起来却更像是一场君臣共演的群交丑剧。除此之外，《庚申外史》还在

———

① 任崇岳：《庚申外史笺证》，中州古籍出版社，1991年，第70—71页。

图4-1　双身佛金铜像

别处中提到了一种名为"十六天魔舞"的藏传佛教仪轨，对此它是这样记载的：

> ［正当红巾军兵临大都城下，］而帝方与倚纳十人行大喜乐，帽带金佛字，手执数珠，又有美女百人，衣璎珞，品乐器，列队唱歌金字经，舞雁儿舞，其选者名十六天魔。

据说蒙古皇帝"日从事于其法，广取女妇，惟淫戏是乐，又选采女为十六天魔舞"。还因为"酷嗜天魔舞女"，不惜在宫中挖地道，每天"从地道数往就天魔女，以昼作夜"云云。①

大家知道，《庚申外史》是一部著名的野史，其中记载的这些道听途说来的故事属于小说家言，本来是不可信以为真的。令人难以理解的是，这些故事竟然很快就被明初官方史官全盘接受，统统被编入了官修正史——《元史》之中。于是，这段本来莫须有的野史，一下子变成了元末蒙古宫廷修习藏传佛教的一个官方版本。而且，修《元史》的史官们在

---

① 《庚申外史笺证》，第103—104页。

抄录以上所引《庚申外史》中的这段记载时，还有意无意地犯了不少可笑的错误，将本来有所区别的不同的藏传密教修习法，统统简单化为双修法的一种。于是，不管是"秘密大喜乐禅定"，还是"演揲儿法"等其他各种不明不白的秘密修法，至此九九归一，曰："其法亦名双修法，曰演揲儿，曰秘密，皆房中术也。"① 从此于汉文化传统中，藏传佛教就变成了"房中术"和"淫戏"的代名词，甚至还是直接导致堂堂大元不足百年而骤亡的罪魁祸首。② 这一切让人看起来像是就因为蒙古人信仰了藏传佛教，曾经天下无敌、不可一世的世界征服者，却在一夜之间变成了傻瓜，不但丢掉了铁打的江山，而且还留下了千古恶名。元朝末年曾有人这样总结说：蒙古人征服南宋，一统天下，遂使"中国一变而为夷狄"，而西藏喇嘛于蒙古宫廷传播的秘密法又使"夷狄一变而为禽兽"，遂使"堂堂人主，为禽兽行，人纪灭亡，天下失矣"。③

　　事实上，《庚申外史》中的这段记载根本不足凭信是很容易被看出来的，譬如其中提到资政院使陇卜"谓上曰：'陛下

---

　　① 《元史》卷二〇五《哈麻传》。

　　② 详见沈卫荣：《历史中的小说和小说中的历史——说宗教和文学两种不同语境中的"秘密大喜乐禅定"》，《中华文史论丛》总第一〇九期，上海古籍出版社，2013年，第1—39页。

　　③ 《庚申外史笺证》，第70—72、89—90、103—104、156页。

虽贵为天子，富有四海，亦不过保有见世而已，人生能几何？'"云云，这样的话根本就不可能是胡人胡语，而更像是汉地奸佞之臣常常会说的用以蛊惑上心的胡话。若说这段记载中或还有一些可信的成分的话，它们反倒应该是我们至今还根本看不懂的那些非汉语词汇和佛教名相，它们指称的是那些我们根本不了解和不理解的非汉族文化和宗教传统中的东西，如"秘密大喜乐禅定""演揲儿法"和"十六天魔舞"等等，野史的作者对道听途说来的这些词汇（名相）及其相关的故事，自然不明所由，大概只好先把这些令人费解的术语照样记录下来，然后再在上面添油加醋、胡说一番，却给后人留下了难以解开的千古之谜。

二

非常不幸的是，以上所说的这些故事虽然以讹传讹，真假难辨，但它们对后世产生的影响却极其深远。这些被当作野史所记载下来的传奇故事实际上正好可以为两种我们常见的历史叙事传统提供十分难得和宝贵的资料。第一，它们为中国古代历史书写中常见的末世宫廷叙事增添了富有异族情调的新佐料。纵览中国古代各王朝的历史，末代皇帝无不昏庸腐朽、荒淫无度，而元顺帝妥懽贴睦尔于宫廷内秘修"大喜乐""演揲儿法"的故事既与传统的末代宫廷叙事珠联璧合，又提供了前所未有的陌生、刺激的新内容，故更常为后世汉族士人所津津乐道。第二，它们也与佛教历史的传统叙事结构相一致，佛教历史通常把佛的诞生作为佛教的开始，把小乘佛教作为佛教的成长期，把大乘佛教作为佛教的鼎盛期，而到了密乘佛教就自然已经走到了佛教的衰亡期。在这样的佛教史叙事结构中，密教从时间上说必须是晚出的，而其特点又必须是腐朽和堕落的。所以，发生在元末宫廷内的这些藏传密教故事正好为密教的腐朽和堕落做了最好的演绎和证明。[①]

于自元朝以来的汉文文献中，这些故事经常以不同的形式出现，我们也屡屡见到它们的不同版本，时间越往后，故事也就越来越离奇。它们甚至流为明清以来诸多色情小说的主题，其中最早，也是最典型的一个例子见于传为出自明代著名江南才子唐寅（1470—1524）之手的色情小说《僧尼孽海》之中。《僧尼孽海》是一部专门讲述僧尼淫乱故事的小说，其中有一回名"西天僧、西番僧"，显然就是根据《庚申外史》中有关

---

① 关于佛教历史叙事的建构和批判，参见Christian K. Wedemeyer, "Tropes, Typologies, and Turnarounds: A Brief Genealogy of the Historiography of Tantric Buddhism", *History of Religions*, vol. 40, No. 3, 2001, pp. 223-259; 此文的汉译文见沈卫荣主编:《何谓密教？关于密教的定义、修习、符号和历史的诠释与争论》，中国藏学出版社，2013年，第302—345页。

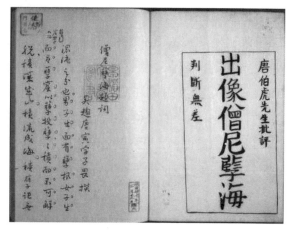

图4-2　唐寅著《僧尼孽海》

元朝末代皇帝元顺帝（1333—1368年在位）宫中修习"秘密大喜乐法"的故事添油加醋演绎而成的。其中，最令人惊讶也值得令人回味的是，作者竟然直接将这种西番僧所传的"秘密法"指称为龙飞、虎行、猿搏、蝉附、龟腾、凤翔、兔吮、鱼游、龙交等号为"采补抽添"之九势，而后者正是出自汉族房中经典《素女经》中的"房中术"，它们与藏传密教之修法自然风马牛不相及。这样的挪用一方面表明明代（1368—1644）汉族士人对来自西番的"秘密教"实际上一无所知，另一方面也证明了Umberto Eco先生曾经提出过的"背景书"理论，汉族士人必须借助汉族自己文化中的"背景书"才能对他们所遇见的这种属于异文化的东西做出他们能够理解的解释。所以，即使是要色情化番僧，他们也必须借助他们自己所熟悉的"房中术"。①

　　大概正是因为汉族士人一方面对藏传密教完全缺乏基本的了解，另一方面却十分热衷于将它不断地情色／色情化，以至于最终完全忘却藏传佛教是如何于蒙古宫廷传播的历史，而把藏传佛教简单地集体记忆为一种类似于房中术的"妖术"和"鬼教"。于是，藏传佛教根本就不被认为是一种正宗的佛教传统，而是喇嘛教，与萨满教一类的原始的巫觋宗教没有多少区别。"喇嘛教"这个名称最早出现于明代，一直被沿用到了今天，其中多少带有一点对藏传佛教蔑视的意味。而这种将藏传佛教，乃至整个藏族社会严重色情化的倾向也一直延续到当代。1987年，来自北京的被认为是前卫作家的马建于《人民文学》上发表了一部题为《亮出你的舌苔或空空荡荡》的短篇小说，它以游记的形式讲述作者于西藏的所见所闻，引出了一场巨大的政治风波。这部小说中讲述了五个故事，都涉及怪异、

―――――――

　　① 关于跨文化的误解和"背景书"的说法，参见Umberto Eco, "From Marco Polo to Leibniz: Stories of Intercultural Misunderstanding", A Lecture presented on December 10, The Italian Academy for Advanced Studies in America, 1996.

不伦的性行为，特别是其中对三代乱伦和宗教仪式性的性行为，即上师以灌顶为名与女弟子（女活佛）发生的性行为的细致的描述等，被当时的在京藏族同胞们视为对他们的民族及其宗教的侮辱，所以演变成了一场严重的政治事件。实际上，马建在这部小说中所讲述的大部分故事根本就不可能见于或者发生于1980年代的西藏，它们不过是一些现代版的《僧尼孽海》式的西藏故事。说到底，这部小说延续的只是汉族文化传统中对藏传佛教的一贯看法，其根底甚至可以直接追溯到《庚申外史》。①

元代汉族士人对藏传佛教的误解，或者说"巫化"和"色情化"，甚至还通过马可·波罗（Marco Polo, 1254—1324）的传播影响到了西方世界。Netflix最近播出了一部多集连续剧《马可·波罗》（*Marco Polo*, 2014），看过这部片子的一位西方藏学家朋友Elliot Sperling先生告诉我说，其中马可·波罗初次觐见忽必烈汗的场景就像是马可·波罗无意间闯进了正在蒙古宫廷中上演的一场狂欢（orgy）之中，令人瞠目结舌。可见西方人对藏传佛教同样充满了很多情色化的想象，而且这种

---

① 参见沈卫荣：《背景书和书之背景：说汉文文献中西藏和藏传佛教形象》，《九州学林》，香港城市大学，2009年。

想象还在持续不断地演绎下去。自20世纪70年代开始，藏传佛教于西方世界日益受到欢迎，而密教性爱对西方的西藏热显然起到了推波助澜的作用，它至少也是令西方人对藏传密教着迷的重要原因之一。[1] 而西方将西藏人和藏传佛教色情化的传统或确实开始于马可·波罗时代，尽管马可·波罗一定没有亲自涉足西藏的土地，但他于中国其他地区旅行时一定听到了有关西藏喇嘛们的种种神奇和情色故事，所以他口中所描述的西藏和西藏喇嘛形象，与元代汉文文献中透露出来的情形基本一致。一方面马可·波罗称西藏喇嘛是世界上最伟大的魔术师，另一方面则批评西藏人是最肮脏、最没有性道德的人，藏族母亲可以随时把自己的女儿献给外来的商人、僧人等等，以换取一件可以是完全不值钱的小礼物。年轻女子获得的这样的礼物越多则越受人羡慕，马可·波罗甚至挑逗性地鼓励西方青年去西藏，随便享用白送给他们的"室女"。[2] 于此，我们可以先不论马可·波罗是否真的到过中国，但这部《马可·波罗游记》则无论如何只能是这个改变了世界的蒙古时代的产物，也

---

[1] 参见沈卫荣:《大喜乐崇拜和精神的物质享乐主义》、《〈欲经〉:从世间的男女喜乐到出世的精神解放》，《寻找香格里拉》，中国人民大学出版社，2010年。

[2] Marco Polo (1254—1323 ?), *The Travels of Marco Polo, The Complete Yule-Cordier Edtion*, New York: Dover Publications, 1992, p. 301.

只有在这个时代有关东方的知识才能传得那么遥远，且在西方产生那么大的影响。西方人很早就开始将藏族和藏传佛教色情化，这是一个不争的事实，它应该与《马可·波罗游记》的广泛传播有直接的影响。在20世纪80年代开始将西藏神话化、香格里拉化之前，西方的西藏和藏传佛教形象同样常常被密教性爱所笼罩，从这个意义上说，英文中的Lamaism与汉文中的喇嘛教绝对是异曲同工，其涵义从根本上说是一致的。[①]

三

综上所述，汉文文献中记载的这段元代蒙古宫廷修习藏传密教秘史对后世中、西方色情化藏传密教均产生了巨大的影响。与此同时，藏传佛教于元代中国传播的历史却长期湮没无闻。要弄清和还原这一段已经长期被人严重误解的密教历史的真实面貌，在我们对藏传密教本身缺乏基本的了解，还没有更多相关的文献资料可被利用以前，这实在不是一件十分容易做到的事情。我们至少首先要读懂《庚申外史》中的这段记载，要还原和解码其中出现的那些外来词汇和佛教名相，然后对它

---

① Donald S. Lopez, Jr., *Prisoners of Shangri-la: Tibetan Buddhism and the West*, Chicago and London: The University of Chicago Press, 1998, pp. 15–45.

提到的那些常为后人诟病和渲染的故事做出符合其历史和宗教之实相的解释。

例如，"演揲儿法"于汉文化传统中之所以臭名昭著，是因为它一直被人当作是"房中术"或者"双修"的代名词。但是，迄今为止却还没有人能够弄清这个非汉语词汇的来历，并对其本来的涵义做出令人信服的解释。一般说来，解读古汉语文献中的那些胡语（非汉语）词汇是西方汉学家，或者如傅斯年（1896—1950）先生所称的"虏学家"们的拿手好戏，那些令仅懂汉语文的博学鸿儒们一筹莫展的东西，到了通晓诸多胡语、并懂得音韵变化、发展规律的西方汉学家（语文学家）那里通常就迎刃而解了。这也就是为什么像伯希和这样的西方汉学家百余年来能够在世界汉学舞台受人膜拜、享有如此崇高地位的最重要的原因。但是，要正确解读《庚申外史》中出现的这段有关藏传秘法的记载，它所涉及的显然并不仅仅只是解决几个非汉语语词的来历和解释问题，或远比解读这几个胡语词汇来得更加复杂和难解的是，我们应当如何来理解和解释这些陌生、怪异的语词所表述的藏传密教仪轨的特殊内容和意义，否则我们就无法还其以宗教层面的本来面目。

非常不幸的是，在我们所遇到的这一关节点上，以往的西方汉学家、语文学家们看起来也并不比我们高明很多。最早将《元史》中有关"秘密大喜乐禅定"和"演揲儿法"的这个段落翻译、介绍给西方读者的是著名的荷兰业余汉学家高罗佩（Robert van Gulik，1910—1967）先生。他把这些番僧于元朝宫廷内传习的藏传密法，当作元代中国人之性生活史的重要内容，写进了他的名著《中国古代房内考》中。可是，高罗佩先生不但对像"演揲儿"这样来历不明的外来词汇与我们一样一筹莫展，无能为力，而且为了硬要给"十六天魔舞"一个至少表面上说得过去的解释，他还别出心裁地将本来只是一位蒙古王子的名字的"八郎"按其字面意思解读为"八个男人"，以符合他一个男人和两个女人配对跳天魔舞的假想。[①]

随后，当时欧洲最负盛名的汉学家、蒙古学家、藏学家都曾尝试用历史语言学的方法来揭开"演揲儿"这个谜团，如法国杰出汉、藏学家石泰安（Rolf Stein，1911—1999）先生曾将"演揲儿"解释为一个汉语、胡语混杂的动宾结构词汇，"演"是汉语动词，意为exécuter，或者pratiquer，即"表演""修习"的意思，而"揲儿"则是蒙古语词jiral的音译，意为"喜

[①]　Robert van Gulik, *Sexual Life in Ancient China, A Preliminary Survey of Chinese Sex and Society from ca. 1500 B. C. till 1644 A. D*, Leiden: E. J. Brill, 1974. p. 260, n. 2. 参见沈卫荣：《大师的谬误与局限——略议〈中国古代房内考〉的问题》，《东方早报·上海书评》，2011 年 6 月 5 日版。

乐",所以"演揲儿"的意义实际上就是"表演"或者"演习"喜乐。[1]而德国战后汉学的领军人物傅海博(Herbert Franke,1914—2011)先生则倾向于把"演揲儿"直接还原为一个蒙古语词汇,说它是äldär或者ändär的音译,其意义皆为"喜乐"。[2]不幸的是,他们的这两种解读不但没有语文学/文献学上的任何依据,而且明显受了元明时代汉文文献之错误记载的误

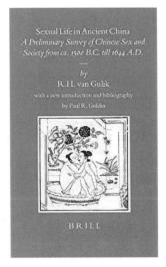

图4-3 高罗佩所著《中国古代房内考》

导。将"演揲儿"指称为"大喜乐"不过是明代史臣抄录《庚申外史》相关记载时犯下的一个可笑的错误,它原本与"大喜乐"毫不相干,而是指一种"能使人身之气或消或胀,或伸或

---

[1] Rolf Stein, Review on R. H. van Gulik, *Pi His T'u K'ao, Erotic Colour Prints of the Ming Period, with an Essay on Chinese Sex Life from the Han to the Ch'ing Dynasrty, B.C. 206-A.D. 1644* (Privately published in Fifty Copies, Tokyo, 1951), *Journal Asiatique*, 1952, pp. 532−536.

[2] Herbert Franke, Review on R. H. van Gulik, *Zeitschrift der Deutschen Morgenlandischen Gesellschaft*, 105/2, 1952, pp. 380−387.

缩"的"运气之术"。[①]

从以上这个西方学者尝试解读"演揲儿法"而失败的例子中，我们得出的一个深切体会是：语文学并不是对业已形诸文字的历史资料中的语言的研究，而是将文本置于其本来的语言、历史、文化和宗教语境中的深刻的分析、研究和理解。[②]事实上，直到最近一二十年之前，我们对产生这些词汇及隐藏于其背后的藏传佛教仪轨的"本来的语言、历史、文化和宗教语境"知之甚少，特别是对藏传密教的修法及其象征意义缺乏基本的了解，所以我们无法期待石泰安、傅海博等前辈语文学、历史学大家当年就能够正确地解读和理解这些怪异的胡语词汇。藏传密教研究的相对繁荣不过是近年来才发生的事情，要最终揭开藏传佛教于元代中国传播历史之真相，我们必须要借助国际印藏佛教学界对藏传密教进行深入研究的最新成果。

---

① 沈卫荣：《历史中的小说和小说中的历史——说宗教和文学两种不同语境中的"秘密大喜乐禅定"》。

② 关于语文学与历史研究的关系参见Alexis Sanderson, "History through Textual Criticism in the Study of Śaivism, the Pañcarātra and the Buddhist Yoginītantras", F. Grimal. ed., *Les Sources et le temps. Sources and Time*, Publications du département d'Indologie 91, Pondicherry: IFP/EFEO, 2001, p. 2.

要正确解读这些曾经被汉族士人从原来的语言和宗教语境中搬离出来，并断章取义，或者以讹传讹流传下来的密教语汇，我们应当想办法把它们放回到其原本的语言和宗教语境中去，设法在相应的汉、藏文佛教文本中找到这些语汇。只有这样，我们才能在正确的语境中确定它们本来的语言和宗教意义。遗憾的是，长期以来我们似乎并没有找到这样的文本，更确切地说，是因为这样的文本多半是纯粹宗教性质的，其中包含太少的普通的、传统的历史信息，故每每被历史学家们所忽视。或者因为对藏传佛教之义理和修习缺乏基本的了解，所以不管是历史学家，还是语文学家，他们都根本读不懂这样的文本，更不用说对它们进行深入的研究了。总之，只有至少掌握了汉、藏文两种语文工具，对藏传佛教有深切的领会，并对蒙元时代的汉藏交流史有深入的研究，方才有可能于此领域有所作为，有所成就。

四

近十余年来，我们有幸陆续发现了大量源出于西夏、元、明时代的汉译藏传密教文献，这为我们研究元代藏传佛教于蒙古宫廷传播的历史提供了弥足珍贵的文献资料，也为我们最终解读前引《庚申外史》中的那段文字提供了极大的可能性。首先，我们于20世纪末才为中国学者所能开放利用的俄藏黑水城文献中，发现了一系列汉文、西夏文译藏传密教文献，然后重新认识了《大乘要道密集》这部此前唯一为人所知的汉译藏传密教仪轨集成对于研究藏传佛教于西夏、蒙元和明代传播历史的重要意义。[①] 紧接着我们又在中国国家图书馆、北京故宫博物院、台北故宫博物院和辽宁省图书馆，以及中国西北省区陆续新出土的文献中，找到了大量与藏传密教相关的文献资料。再次，结合对以上这些文献的整理和研究，我们对20世纪初在吐鲁番发现的古畏兀儿文译藏传佛教文献也有了新的认识，因为其中大部分文献的内容与黑水城出土文献和其他元代汉译藏传佛教文献有很多类似和重合的成分，所以它们同样是我们研究元代藏传佛教史的宝贵资料。这些文献的发现和对它们的整理与研究为我们最终揭开藏传佛教于元代中国传播历史的真实面貌提供了现实的可能性。[②]

尽管如此，要将上述这些汉文、西夏文、畏兀儿文和蒙古文翻译的藏传密教文献真正转变为研究元代藏传佛教史的历史

[①] 沈卫荣：《藏传佛教于西域和中原的传播——〈大乘要道密集〉研究初编》，北京师范大学出版社，2017年。

[②] Shen, Weirong, "*Dasheng yaodao miji* and Studies in Tibetan Buddhist History of the Tangut Xia, Mongol Yuan and Ming Dynasties"，《西域历史语言研究集刊》第6辑，科学出版社，2013年，第331—359页。

资料，我们还必须采取从多语种文本的对勘和比较研究中来建构历史的学术方法（history through textual criticism），要舍得花大力气从浩如烟海的藏文佛教文献中一一寻找出这些汉、西夏、畏兀儿、蒙古文译文的原文本，确定其最初的来历，然后通过对各种文字译本的对勘和比较研究，及其对传译者身份的钩考，大致确定这些文本传承的年代和先后顺序，从而勾画出藏传佛教于西域和中原传播的历史脉络。与此同时，通过同定这些译［传］本的藏文原本，利用原文本对勘、厘定和解读这些译［传］本的内容，找出与如《庚申外史》一类的汉文文献中出现的那些藏传密教修习、仪轨之名相对应的藏文词汇，然后把它们放在藏传密教修习的原来的宗教语境中来考察，最终对它们的源头做出准确的认定和合理的解释，进而能帮助我们正确地理解这些文本中所涉及的藏传密教修法及其义理。①

这些年来，我们正是依靠上述这一套佛教语文学的学术方法，对我们迄今搜寻到的大量汉译藏传密教文献，以及与其相应的西夏文、畏兀儿文文献进行了仔细的文本对勘和研究，寻找出其藏文原本，探讨其流传经过，终于使我们今天能够大致

---

① 沈卫荣:《文本对勘与历史建构：藏传佛教于西域和中原传播历史研究道论》,《文史》2013年第4辑，第43—93页。

揭开于蒙古宫廷所传藏传密教仪轨的真实面貌。首先，对《庚申外史》中提到的这三种被人误解了七百余年的藏传密教修法，我们终于可以还其以本来面目，希望以此能够去除人们对其长期的、根深蒂固的色情化的误解。

首先，所谓"演揲儿法"，即"能使人身之气或消或胀，或伸或缩"的"运气之术"，原来指的是藏传密教中的幻轮修法（'khrul 'khor，'phrul 'khor，或曰"机轮""旋轮"和"乱轮"等），这是通过密教行者一系列的肢体动作（瑜伽），来修习人身中的风（rlung、气）、脉（rtsa）和明点（thig le）等。修习幻轮的目的主要在于调节风脉，强健身体，以帮助密教行者消除身体内的各种疾病，打开体内各处脉结，维持脉管中气息的畅通，并能使人的身体具有八德五相等威仪。它是一种类似于今日流行之气功的瑜伽修习法，西方人称之为 Magic Movement，多为藏传佛教各派所传无上瑜伽部究竟修习法，或曰圆满次第（rdzogs rim）修习之前行。例如，萨思迦派所传的拙火定、欲乐定修法等，都以"幻轮"修法为其之辅助（准备）修法，它亦常被称为"调身仪""整身仪"和"治风脉定"等等。这种幻轮修法多见于《大乘要道密集》中所收录的多种与萨思迦派所传之道果法相关的修习仪轨中，在辽宁省图书馆中找到的一部罗振玉先生当年于清内库大档中抢救、结集的《演揲儿法残卷三种》的抄本中，我们还见到了一部直接题名为《道果机轮》的残卷，说的正是"幻轮"（机轮），或者"整身仪"修法。这或说明这种修法甚至在蒙古统治中国以前的西夏时代就已经开始在西夏汉人信众中流行，它是萨思迦派所传道果法修习的一个组成部分。

尤其值得指出的是，在北京故宫博物院图书馆中藏有一部传自清代宫室的《修喜〔金刚〕佛图》，图文并茂，其主要内容就是图示萨思迦派所传修习喜金刚本尊瑜伽的所谓"喜〔金刚〕佛三十二妙用定"，内分顺行、逆行和混行，共九十六种图式。而这种"三十二妙用定"实际上就是萨思迦派所传的一套完整的"幻轮"修法。按照我们的研究，这部《修喜佛图》应该成书于明初，很可能也是明初著名大译师莎南屹啰的作品，然后于清代乾隆朝被重新写绘，曾为皇帝御用之宝。由此可见，这种"幻轮"修法曾流传于自西夏历元、明而入清的所有朝代，它不是一种"性瑜伽"，也与宫廷的淫乐无关。至于"演揲儿"这个词的词源或确有可能如卓鸿泽先生曾经推断的那样，它是与梵文词 Yantra 对应的畏兀儿语词 Yantïr 的汉语音译。[①]藏传佛

———————————

① 卓鸿泽：《"演揲儿"为回鹘语考辨——兼论番教、回教与元、明大内秘术》，《西域历史语言研究集刊》，第 1 辑，科学出版社，2007 年，第 258—270 页。

教中所传的"幻轮"修法当与源自印度的Yantra Yoga相应，于今在西方世界广传"幻轮"修法的藏传佛教宁玛派著名上师南喀诺布先生就直接将这种于西藏流行的肢体运动瑜伽称为Yantra Yoga，或曰"演揲儿法"。[1]

其次，所谓"秘密大喜乐禅定"，或曰"双修法""多修法"，即是藏传密教无上瑜伽修习中的"欲乐定"修法（'dod chags chen po'i sbyor），或曰"大喜乐禅定"（bDe ba chen po'i snyoms par zhugs pa），这确实是一种依持"行手印"（karmamudrā），或曰"明妃"（rig ma）修习欲乐，渐次得"四喜"，体认乐空无二之理，现证究竟菩提，即身成佛的一种修法。这种修法或是密教性爱的最经典的一种形式，是密乘佛教无上瑜伽部之瑜伽尼本续（Yogini Tantra）的修法。它当早在西夏时代就已经由萨思迦派上师传入，《大乘要道密集》中所见的一部传承自西夏时代的修习道果法的长篇仪轨《依吉祥上乐轮方便智慧双运道玄义卷》中就有修习"欲乐定"的完整

---

[1] 详见沈卫荣、安海燕：《清〈宫廷瑜伽〉、西夏"道果机轮"及元代"演揲儿法"考证》，《文史》2017年第一辑，中华书局，第51—100页；Chogyal Namkhai Norbu, Fabio Andrico, *Tibetan Yoga of Movement, The Art and Practice of Yantra Yoga*, North Atlantic Books, 2013.

图4-4 《修喜佛图》，故宫博物院藏

仪轨。[①] 由于萨思迦派所传之道果法以《吉祥喜金刚本续》为其根本所依，而后者常常被称为《大喜乐本续》，故《元史·释老传》中说"歇白咱剌，华言大喜乐也"，"歇白咱剌"即 Hevajra，或者更确切地说是其藏文形式 He badzra 的汉语音译，所以"秘密大喜乐禅定"也可能就是指与"喜金刚瑜伽"（Kyee rdo rje'i rnal 'byor）相关的一些瑜伽修习法。毋庸讳言，"欲乐定"修习确实可以是一种"双修"法，但其实际的修法并非只是依持"行手印"（明妃、空行母）实修欲乐定一种，它同样可以依持"法手印""记句手印"和"大手印"，于观想中入欲乐定，体认空乐无二之理，即身成佛。而且，前述这部道果法仪轨还明确规定"今依密教在家人则依行手印入欲乐定，若出家者依余三印入欲乐定，契于空乐无二之理也"。[②] 元朝宫廷或确实曾经传播过这种"欲乐定"修法，但从我们目

---

① 沈卫荣:《西夏汉文藏传密教仪轨〈依吉祥上乐轮方便智慧双运道玄义卷〉读解——以依"四手印"修"欲乐定"为中心》,《国学的继承与创新——冯其庸先生从事教学与科研六十周年庆贺学术文集》下册, 上海古籍出版社, 2012年, 第1160—1193页。

② 《依吉祥上乐轮方便智慧双运道玄义卷》,《大乘要道密集》卷一, 北京大学出版社, 2012年, 第29页; 关于"四手印"参见 Klaus-Dieter Mathes, "The 'Succession of the Four Seals' (Caturmudrānvaya) together with Selected Passages from Karopa's Commentary", *Tantric Studies*, Volume 1, Center for Tantric Studies, University of Hamburg, 2008, pp. 89–130.

前所见到的西夏时代所传汉译藏传密教仪轨中可以看出，欲乐定的修法当早在元朝建立以前就已经在中央欧亚和汉地流传了，传说元朝首任帝师八思巴上师曾三次给蒙古大汗、元世祖忽必烈皇帝及其皇后、帝室以喜金刚灌顶，可见元朝蒙古人修习"大喜乐禅定"当也不是于元末宫廷中才开始的。值得强调的是，元代西番上师所传的"欲乐定"修法作为一种严格、秘密的宗教仪轨，它与被汉族士人当作在元末宫廷中上演的淫戏来描述和渲染的"秘密大喜乐禅定"当不可同日而语。

再次，长期以来，"十六天魔舞"被人误解为是元末宫廷中才出现的、以藏传密教仪轨为名而上演的一种供蒙古皇帝及其大臣们享用的色情舞蹈，天魔舞女或被描述为元末皇帝淫乐无度的对象，这或当又是汉族士人对藏传密教修法的一种无知的想象。于藏传佛教的语境中，"十六天魔舞"原本是对无上瑜伽部本尊胜乐金刚之中围（坛城）的一种供养，由十六位"明母"（rig ma），或者"天女"（lha mo），手持各种乐器，随着特定的念诵和音乐翩翩起舞的一种宗教舞蹈，它的本来面目不但与情色、淫戏无关，而且常常只是一种通过观想而敬奉的"意生供养"（yid las 'byung ba'i mchod pa），即由密教行者自心间化出十六天魔舞女，于其观想中以想象的"十六天魔舞"的形式作为献给胜乐佛之坛城的一种供养。是故，它甚至不需要由十六位天魔舞女真实地演练。

作为藏传佛教无上瑜伽部母续的主要本尊，胜乐的修法自西夏时代开始就已经于中国西北地区广为传播，于今所见的几部以汉文、畏兀儿文传世的《吉祥上乐轮中围现观修习仪》中，我们多次见到了有关"十六天魔舞"供养的内容。于俄藏黑水城文献中一部源出自西夏时代的题为《大集轮□□□声颂一本》的修习胜乐轮本尊仪轨中，我们首次见到了"十六天魔"舞女的完整名录。元代政书《元典章》中也提到至元十八年（1281）朝廷就下令"今后不拣甚么人，十六天魔休唱者，杂剧里休做者，休吹弹者"，这大概是因为"十六天魔舞"本来是一种崇高的宗教舞蹈，不宜于世俗社会随便乱弹乱唱的缘故，故受到元朝廷明令禁止。这条出自元初的禁令也明确证明"十六天魔舞"绝非是元末宫廷才出现的一种宗教乐舞。事实上，它于蒙古人中间的流行也应该归功于八思巴帝师本人，于他的全集中我们不但见到了许多部修习吉祥胜乐轮仪轨，而且还找到了一部独立的"十六天女供养仪轨"，题为《十六明母供养二品文》（*Rig ma bcu drug gi mchod pa'i tshig tshan gnyis bzhugs*），于1250年代写成于元上都开平府。这说明在忽必烈建立元朝以前很久，八思巴就已经把这种专门供养胜乐中围的仪轨传授给了他的蒙古弟子们，显然其中毫无与"欲乐定"相关的内容，它一定与淫戏无关。"十六天魔舞"最后蜕变为一种淫戏，并成为元朝骤亡的罪魁祸首之一，如果这不完全是汉族士人的想象，那它一定是一种堕落了的密教修法，与其本来的宗教意义完全相违背，汉文文献中对它的描述无疑有很多牵强附会、以讹传讹的成分，与当时的历史事实严重不符。①

图4-5 胜乐金刚与其眷属，古代唐卡，普利兹克家族收藏

五

当我们在藏传密教之义理和修习的语境中成功地还原了"演揲儿法""秘密大喜乐禅定"和"十六天魔舞"的本来的

---

① 沈卫荣、李婵娜：《"十六天魔舞"源流及其相关藏、汉文文献资料考述》，《西域历史语言研究集刊》，第5辑，科学出版社，2012年，第325—387页。

宗教面貌之后，藏传佛教于元代中国传播的历史便一下变得清晰起来了，原来笼罩在元代蒙古宫廷佛教史上的迷雾终于被揭开了。显而易见，将西天僧、西番僧于蒙古宫廷所传的藏传密教修法定义为"房中术""淫戏"，并将蒙古大汗热衷于修习藏传密法当作其骤然失国的原因，这根本就不是历史的真实。上述这些于元朝宫廷中所传的藏传密教修法大部分与"密教性爱（tantric sex, 双修）"无关，这些修法甚至早已经在蒙元王朝之前的西夏王国内传播过，它们显然并不是在元朝末年才开始于蒙古人中间传播的，至少元世祖忽必烈（1215—1294）已经在八思巴帝师（1235—1280）的指导之下，修习过上述所有仪轨。对于蒙古人何以如此迅速和彻底地信仰藏传佛教，以及元朝何以如此迅速地走向败亡，我们都应该对其历史、社会和文化背景做更深入的探讨，并另找原因。

"演揲儿"这个词汇曾经长期被诬为西番僧所传的房中术和淫戏，对它的还原和解释难倒了好几代汉学家、藏学家和语文学家。我们的研究表明它就是藏传密教中的"幻轮"修法，是一种整身、调息、治风的瑜伽修习，这使我们终于能够拨乱反正，为"演揲儿法"摘除了淫戏的帽子，还其本来面目。而"演揲儿"或为与梵文 Yantra 一词对应的畏兀儿文词汇 Yantïr 的汉文音译这一推测，令我们记忆起今天全民信仰伊斯兰教的维吾尔族之先人于历史上或曾有好几百年信仰佛教，特别是藏传佛教的历史。元代畏兀儿人的祖先回鹘人自840年自蒙古草原向南、向西迁徙开始，至元朝末年基本改信伊斯兰教为止，他们长期与信仰佛教的吐蕃、党项等民族杂居、互动，不但擅于他们的语言，而且也信仰他们的宗教。在蒙古人征服了中央欧亚和西藏等地区之后，畏兀儿人不但常常于蒙古君臣与西藏喇嘛之间充任"译史"，而且也是他们之间进行文化交流的中间人。在吐鲁番出土的回鹘文（畏兀儿文）文献中，我们见到了大量回鹘文译藏传密教文献，它们与同时代的西夏文、汉文译藏传密教文献的性质和内容完全一致。元朝八思巴帝师的很多著作都是在其畏兀儿弟子的帮助和催促下写成，并翻译成汉文、畏兀儿文等其他文字而在中央欧亚和汉地广泛传播的。藏传佛教或是紧密连结蒙古、西番、西夏和畏兀儿人的精神纽带。

我们早就发现蒙古人如此迅速地接受和信仰藏传佛教或有其深刻的西夏背景，[①]而晚近的研究则进一步表明，几乎所有可知的曾经于元代中国流传的藏传密教修法，都可以在俄藏黑水城文献和其他可以确定为西夏时代的多语种的佛教文献中

---

① 沈卫荣:《初探蒙古接受藏传佛教的西夏背景》,《西域历史语言研究集刊》, 第1辑, 2007年, 第273—286页。

找到与其相应的文本。前文已经证明，不管是"秘密大喜乐禅定""演揲儿法"，还是"十六天魔舞"，它们都不是在蒙元时期才传入的新鲜东西，它们都曾经于西夏王国出现过。西夏王朝对藏传佛教吸收之甚深和广大，远远超越我们以往的想象。藏传佛教于西夏王国内的普遍流行与其紧邻的蒙古人很快接受和信仰藏传佛教提供了极大的便利，蒙古人信仰藏传佛教并不是元朝立国后才开始的，它应该早在蒙古征服西夏和畏兀儿地区的过程中就已经开始了。

还有，元代蒙古人的藏传佛教信仰对其后世留下了极为深刻的影响，这或是短命的蒙古征服王朝给后世中国留下的一笔十分持久的遗产。以推翻蒙古统治而建立起来的明王朝，并没有因为藏传密教曾被认为是导致元朝迅速败亡的罪魁祸首而禁止它在明代中国的传播，相反明代的大部分皇帝对藏传佛教的信仰较之其蒙古前任可谓有过之而无不及。今天所见明代翻译成汉文的藏传密教文献远远多于元朝，像"演揲儿"这样的修法不但继续流行于明朝宫廷，而且显然也传到了清朝宫廷之中，今天我们所见到的大量源自西夏、蒙元和明朝的汉译藏传密教仪轨，大部分出自清朝宫廷的收藏。如前所述，由于蒙古人对藏传佛教的坚定信仰，清朝皇帝即使出于政治的考量，也不得不尊崇藏传佛教，以借助藏传佛教上师的宗教影响力来控制和安定否则很难被统治的蒙古诸部落。如果说清朝帝国统治真有其"内亚性质"的话，那么，他们对藏传佛教的信仰和因为藏传佛教而将满、蒙、藏三个民族紧密地结合在一起或许就是这种"内亚性质"的最明显的内容和表征了。当然，尽管我们很难设想清朝帝国曾经将藏传佛教以"政教合一"（lugs gnyis）为主体思想的治国理念作为其"帝国的意识形态"（imperial ideology），但我们不可否认清朝诸多皇帝和王子，其中最著名的就是乾隆皇帝和王子等，都曾经是十分虔诚的藏传密教的信徒。

自元朝以来，汉族士人对"演揲儿法""秘密大喜乐禅定"和"十六天魔舞"等藏传密教修法的长期误解和歪曲，无疑曾经严重阻碍了汉、藏两种不同的佛教文化传统之间的正常交流，也给汉、藏两个民族之间的文化和精神交流带来了严重的损害。尽管如此，上述研究所揭示的事实也充分表明，藏传密教自11世纪开始就已经连续不断地渗透到汉传佛教传统之中，藏传密教于西域和中原传播的历史是元、明两代佛教历史的重要内容，于蒙元时代不只是大量蒙古人皈依了藏传佛教，还有很多汉人、畏兀儿人等同样也信仰和修习藏传密教。近年来我们对那些源自西夏、蒙元和明代的以不同语文翻译的藏传密教文献的研究，势将为西域和中原佛教史增添一个被人长期遗忘了的篇章。迄今为止，学界对密乘佛教史的研究还完全没有将汉传密教（或曰唐密）和藏传密教（简称藏密）整合起来，对藏传密教所代表的无上瑜伽部密教曾于西域和中原传播的历史一无所知，而这正是在蒙元大一统的前提下蒙、藏、汉、畏兀儿、西夏等民族之宗教文化交流史上最重要、最出彩的一章，也当是"大元史"的一个不可分割的组成部分。

第五章

我看"新清史"的热闹和门道 *

——略议"新清史"语境中的中国、内亚、菩萨皇帝和满文文献

一

　　"新清史"大概是近年来最受中国学术界关注的一个议题，对它的讨论常见于各种学术的和非学术的刊物和媒体之上，十分引人瞩目。直接参与这场讨论的除了有西方"新清史"的代表

　　* 本文的写作缘起于2016年10月22日参加北京师范大学文学院主持召开的"思想与方法——变动的秩序、交错的文明：历史中国的内与外"国际高端对话暨学术论坛时所作的一个简短发言，以后经过了将近一年的时间，陆续增补、写成。本文揭载于由该学术论坛主持人方维规教授编集、出版的学术论文集《思想与方法：历史中国的秩序变动与文明交错》（北京大学出版社，2018年）中，于此作者衷心感谢方教授邀请我参加这次论坛，并再三敦促我写成了这篇文章。2017年9月初，蒙《上海书评》谬赏，本文得以从9月4日至8日分五篇连载，刊发于其附属的"澎湃新闻网"（thepaper.cn）上，使得拙作拥有了大量读者，于此谨向《上海书评》之主事、编辑等诸友好表示衷心的感谢。于将这篇文章编入本书之时，笔者又对本文的内容做了一些微细的增补，并对部分文字做了一些细小的改动，但全文的基本内容和观点则没有变化。

人物和中国的清史学者外，还有中、西方其他不同学科的众多学者。不管在西方，还是在中国，都有一群人在支持"新清史"，又有一群人在反对"新清史"，双方各执己见，有时甚至剑拔弩张，争了个不亦乐乎。这些讨论或以精致的学术外衣来包装政治，或以直白的政治语言来批评学术，总而言之，"新清史"和对它的讨论已经不像是一个纯粹的学术问题和学术行为了。笔者所见不少对"新清史"的批评和争论，更像是论者借他人酒杯，浇自己块垒，拿"新清史"当由头来说自己想说的事。[①]我自己从来没有专门研究过清史，起初只把这场讨论／争论当热闹看，但看多了、听多了，却越来越觉得困惑，常有雾里观花的感觉，

---

① 关于"新清史"的各种讨论不胜枚举，于此只能略举一二。前期的讨论分别结集于刘凤云、刘文鹏：《清朝的国家认同——"新清史"研究与争鸣》，中国人民大学出版社，2010年；汪荣祖主编：《清帝国性质的再商榷：回应新清史》，远流出版社，2014年；以后的争论文章还有姚大力：《不再说"汉化"的旧故事——可以从"新清史"学习什么》，《东方早报·上海书评》，2015年4月12日版；汪荣祖：《为新清史辩护须先懂得新清史——敬答姚大力先生》，《东方早报·上海书评》，2015年5月17日版；李治廷：《"新清史"："新帝国主义"史学标本》，《中国社会科学报》，2015年4月20日版；钟焓：《"新清史"学派的着力点在于话语构建——访中央民族大学历史文化学院副教授钟焓》，《中国社会科学报》，2015年5月6日版；有些相关的讨论文章又被收录入《东方早报·上海书评》编辑部编：《殊方未远：古代中国的疆域、民族与认同》；此外，英文期刊《当代中国思想》也出版了"近年新清史在中国的论争"专号，即 Contemporary Chinese Thought, Vol. 47, No. 1, 2016。

看不明白"新清史"到底是个什么东西，人们何以会给它如此之多的关注？它又何以会引出那么多或嫌有失斯文的争议和笔墨官司？于是不得不强迫自己继续往下看，慢慢却发现"新清史"所涉及的议题竟然有不少与我自己的专业学术领域，即西藏和藏传佛教研究有关，这样我就渐渐地似乎也能看出其中的一些门道来了，甚至觉得自己在这些议题上也应当可以有一些发言权。职是之故，笔者斗胆参与一回对"新清史"的议论，或同样是借他人酒杯，浇自己块垒，暂借"新清史"这个热门的话题，来说一点我自己想说的关于中国、内亚、菩萨皇帝和满文文献等等与学术相关或者不相关的事情。

二

我最早见到的一本直接以"新清史"为标题的书是《新清帝国史——内亚帝国在清承德的形成》，这本书的编者之一是我熟识的美国唯一的西夏史研究者邓茹萍（Ruth Dunnell）教授，蒙她所赐，我有幸较早拜读了这部明确标明为"新清史"的作品。① 说实话，这本薄薄的小书原来并没有引起我太多的

① James A. Millward, Ruth W. Dunnell, Mark C. Elliott and Philippe Forēt, *New Qing Imperial History, The Making of Inner Asian Empire at Qing Chengde*, London and New York: Routledge Curzon, 2004.

重视，因为它不过是几篇论文和资料性译文的结集，其中有两篇文章与藏传佛教有关——它们更是泛泛的介绍性文章，虽然其中一篇竟然出自我自己行业内的超级大咖、美国密歇根大学的 Donald Lopez Jr. 教授之手，但也没有太重的学术含量。这本书的特殊意义或就在于它第一次正式于学界竖立起了"新清史"的旗帜，如编者自称，这本书中所集论文将清朝夏宫——承德避暑山庄，以及与它相关的建筑、艺术、典礼作为研究的焦点，来探讨内亚和西藏对于大清帝国（1636—1911）的重要性。论文的作者们想借助他们对避暑山庄的研究来说明，清朝不能仅仅被简单地当作是一个普通的中国王朝，因为它在军事、文化、政治和意识形态上都很深入地与内亚相关涉。所以，这本书强调清帝国内有众多不同的族群，分析了满族与西藏高僧、蒙古头领和新疆突厥系穆斯林精英分子之间的关系，并阐述它们对于中国历史的重要意义。作者们还特别讨论了乾隆统治时期（1736—1795）皇帝身份的性质和表征，检讨了包括曾被明显高估了的朝贡制度在内的与内亚相关的礼仪［仪式］的角色意义，以此对一个在文化上和政治上都很复杂的历史阶段提供了一种新的理解（欣赏）。这本文集的每个篇章都以一个特殊的文本或者手工艺品为出发点，它们不只利用了以前在英文环境还不具备的资料，也为读者了解承德的生活和它对于作为一个整体的大清帝国的重要意义提供了直接和详尽的知识。仅从这本文集来看,"新清史"最核心的内容大概就是他们特别强调和讨论内亚,特别是西藏,对于清代历史的重要性。

这部文集的导论由邓茹萍和米华健(James A. Millward)二位编者联合

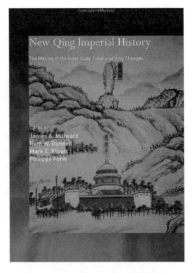

图5-1 2004年出版的《新清帝国史——内亚帝国在清承德的形成》

撰写,其中有一节就题为"新清帝国史"(New Qing Imperial History),专门解释何谓"新清史"。它说:"最近学者们采用了'新清史'(new Qing history)这个词来指称自1990年代以来对在中国的和内亚的清朝帝国史所作的一个大范围的修正。清研究除了历史学家以外还牵涉了艺术史家、地理学家、文学学者等其他人的参与,而在清研究中所做修正的最显著的特点就是对满人,和他们与中国和中国文化的关系的一种新的关心,以及对北京统治下的其他非汉人团体的关注。对那个曾经被当作是一个同质的中国人和中国文化的东西的解构，或被称作‘中国研究中的族群转向’（the Ethnic Turn in China Studies）。长期以来，人们相信中国的征服者甚至它的邻居们，都会通过那种常常被描述为是一种自发的和单向的汉化过程转变为中国之道。［新清史］对这种‘汉化’的假定提出了质疑，并对中国传统历史书写中的那些更为民族主义和沙文主义的教条培育出了一种怀疑的眼光。采用人类学的观点，［新清史］学者们对满人、蒙古人、‘回回’人、苗人和其他人等的身份认同在历史语境中做了重新检讨。尽管这些观点还没有被普遍地接受，但许多曾将满人简单地贬为‘变成了中国人的蛮夷’的中国专家们，现在也开始领会这个东北部族联盟对明中国的征服所造成的复杂的文化、政治和族群问题。此外，越来越多的从事清史研究的学生们正在学习满语。"

还有，被"新清史"重新检讨的另一个观念是美国中国研究的奠基者费正清先生率先构建的"朝贡体系"。在这种观念影响之下，清帝国的历史被叙述成与其前朝一样，都以汉文化为中心，它所实施的对外关系同样被认为是遵循了一种为西方历史学家们熟知的"朝贡体系"的持久模式。这种认为中国历史贯穿始终都固守着一种单一、不变的国际关系的观念，事实上从一开始就曾受到过质疑，但却逐渐被认可。然而，这种模式的中心形象，即中国的君王摆出一副天下共主的姿态，要求八方外夷都必须以朝贡的名义来开展外交和商业活动，长期以来不只是对历史学家们，而且也对外交官、政治家，甚至对中国人自己都产生了影响。费正清当初建立"朝贡体系"的观念根据的是他对19世纪中国海岸的外交和商业的研究，然后将它扩展成为传统中国外交关系的一般模式。然而，如果对清代和整个清帝国做更深入一点的考察的话，人们就很难维持这种对清代外交关系所持的简单的文化主义的观念模式。事实上，清朝还通过很多不同的方式与其邻居们交往，其中包括政治联姻、宗教赞助、商业、外交和战争等，这些方式常常与朝贡或者汉族中心主义没有任何关联。

与清是否遵循中国外交关系之传统模式的观念相连接的另一个问题是，我们应当关注在清的语境中所谓"中国的"和"外国的"到底确切地指的是什么？费正清认为中国［汉］文化居于清政体的核心位置，但是满族的统治精英们与他们的内亚臣民们（蒙古人、西藏人和突厥系穆斯林们）的交往常常比他们与汉人的交往来得更加紧密。而《新清帝国史》这本书的聚焦点就是清与内亚的那些关系，以及它们的政治和文化基础。

在挑战汉化、汉族中心主义和朝贡体系模式等概念的同时，"新清史"家们重新发现了同时作为"一个内亚的"和

"一个中国的"帝国的清朝。虽然，对此迄今还没有得到像对满族身份认同问题一样的持续的研究，但它对于改正我们对清代重要性的理解十分关键。此外，有鉴于中国共产党在将它的中国民〔国〕族愿景〔理想〕延伸到西藏、新疆，甚至到内蒙古的蒙古人中间时正面临着持久的困难，这个在内亚的新的、更大的中华帝国实际上是一个大清的创造（the new, greater Chinese empire in Inner Asia is a Qing creation）这一事实于今天有着非常重要的意义。

作为一个巨大的欧亚政体，大清帝国不但可与那些"火药帝国"（gunpowder empires）相比较，而且在很多方面也可与莫斯科大公国，甚至和哈布斯堡和大英帝国相媲美，它当在世界史上占有一个新的位置。那些关于清的旧观念（今天有时依然会听到有些非中国专家们如是说），即把清形容为停滞的、孤立的、特殊的，和与早期近代历史潮流相切割断的等等，早已站不住脚了。不管是"中国"，还是"东方专制主义"，或者"亚洲病夫"等等，将都无法用来描述这个扩张型的清帝国国家，它不但终结了衰败中的明朝，而且还在中国内地重新建立起了秩序和繁荣，并将中国腹地的经济力量与它自己的军事实力结合起来，以抵挡俄国，粉碎准噶尔，并使蒙古、新疆和西藏加入进了帝国，使得在北京控制之下的帝国版图增大了一倍。[1]

这个导论的作者之一米华健先生是美国"新清史"学派的主将之一，故以上引述的这些内容无疑可算是对"新清史"之主要观点的确切的概括和总结。从中可以看出，"新清史"对传统清史研究的最重要的修正就是将其视角从传统中国历史书写范式对"汉化"和"朝贡体系"的专注中转移出来，进而把它放在一个更加广阔的视野中，即从"中国的"和"内亚的"帝国两个维度来研究清史，并响应"中国研究之族群转向"，更加推崇对清代之非汉人团体，特别是蒙古、西藏和突厥系〔新疆〕穆斯林族群之历史的研究，强调满族统治者与这些内亚民族、地区之互动的历史对于理解整个清帝国历史的重要意义。

平心而论，将清史从以王朝更替为中心的中国古代历史的传统叙事模式中解放出来，不再以汉族中心主义史观下的"汉化"和"朝贡体系"为主线来建构清帝国的历史叙事，转而更重视对满族及其统治下的非汉族族群和地区之历史的研究，强调蒙古、西藏和新疆等所谓内亚地区对于清史的重要意义等等，"新清史"显然有其新意，它确实是对传统清史研究的修

---

[1] *New Qing Imperial History,* pp. 3–4.

正和进步。毋庸置疑，清具有一些与中国历史上其他由汉族建立和统治的王朝不同的性质和特点，"朝贡"对于习惯于"严华夷之辨"，并以"怀柔远夷"为目标的汉民族统治下的王朝开展外交和国际关系至为重要，但对于像元、清这样的"征服王朝"来说，它确实不过是其外交和国际关系中的一个重要选项而已，它们在与广大西域和边疆地区的交涉中，往往显示出与汉族统治王朝不同的侵略性和扩张性。

但是，说清不是一个普通的中国王朝，或许不能说这只是因为清"在军事、文化、政治和意识形态上都很深入地与内亚相关涉"。事实上，中国历史上的大部分王朝，不管是汉族政权，还是非汉族政权，它们的历史都与内亚，或者西域各民族和地区的历史有着广泛和深刻的牵连。暂且不说唐朝、元朝，即使是像明这样的汉族政权，不管是主动的，还是被动的，它也都和西藏、蒙古等内亚地区的民族有很深的交涉。[①] 中国历史上的每个王朝，其统治地域、方式等都各有其特点，清作为中国历史上的末代王朝，它既是一个外族入主中原的征服王

---

① David M. Robinson, "The Ming Court and Inner Eurasia",《西域历史语言研究集刊》，第2辑，科学出版社，2008年，第351—374页；David M. Robinson ed., *Culture, Courtiers and Competition in Ming Court (1368—1644)*, Harvard East Asia Monographs, Harvard University Asia Center, 2008.

朝，同时也是其前朝的继承和发展者，集其以前诸朝之大成，故它应当首先是一个"基于中国"的帝国。

显而易见，"新清史"是在全球史观影响下对清帝国历史的一种新的书写，它与传统的汉族中心主义史观影响下的清代历史叙事有着巨大和本质的不同。按理说，"新清史"学家们的批判矛头直接指向的是他们自己的祖师爷、美国中国研究的开山鼻祖费正清先生，解构的是费正清最早倡导的以"朝贡体系"为主线的正统中国史观。他们并没有，甚至也不屑于批判中国学者在传统的汉族中心主义历史观影响下的清史书写。"新清史"与费正清的传统清史研究比较起来，它无疑可以算是美国中国研究领域中出现的一种学术转向（turn），即如他们所自称的"中国研究中的族群转向"，这样的转向在美国学界常常发生，本不足为奇。美国学术的一大特点就是当一条路走到底了，走不过去了，不是掉头重来，而是会采取各种方式的"转向"。事实上，在"新清史"于中国引发激烈争论之前，它在美国的中国研究学界似乎也没有形成一个特别引人瞩目的新的学术流派，更不是每一位美国的清史学者都认同"新清史"的这种学术转向，并自觉地与"新清史"学家们站在同一队伍之中。不但有何炳棣先生这样有影响力的前辈华裔权威学者，倔强地站出来捍卫"汉化"于清代历史上的重要意义，而且，近年来还有一些专门研究清代蒙古、西藏历史的西方新锐内亚学者，从他们对满、蒙、藏、汉等民族于文殊菩萨的道场五台山朝圣与互动的历史研究中发现，清朝与蒙古、西藏的交涉事实上并没有牵涉多少明显的"内亚"因素，相反却有更多的汉文化因素，于是，他们提出了"清世界主义"（Qing Cosmopolitanism）的说法，以此与"新清史"专重内亚性质的学术主张对垒。①

那么，何以美国的"新清史"反而会在今天的中国引发如此激烈的反弹呢？于我看来，其中最关键的原因或在于"新清史"触及了我们今天应当如何来理解和解释清与"中国"之关系这一问题，而这个问题正好是一

图5-2　费正清（John King Fairbank，1907—1991）

①　参见Johan Elverskog, "Wutai Shan, Qing Cosmopolitanism, and the Mongols", *Journal of International Association of Tibetan Studies*, No. 6, 2011, pp. 243−274; Peter Perdue, "Ecologies of Empire: From Qing Cosmopolitanism to Modern Nationalism", *Cross-Currents E-Journal*, No. 8.

个对于如何理解作为民族国家之当代中国的身份认同和处理眼下中国出现的民族、边疆等种种棘手问题而言都十分紧要和敏感的主题。如何理解和分别中国历史上的"中国"和西方视野中的China这一概念，如何理解历史上的中国与现实中的中国的关系，这是一个十分复杂和难以处理的问题，解决这些问题并非只是历史学家们的兴趣和责任。"新清史"学家们主张将"清当作一个内亚的，和一个中国的帝国"（the Qing as an Inner Asian, as well as a Chinese empire），其中那个"中国的帝国"指的自然就是"一个汉人的帝国"，而通常在他们笔下的那个"中国"（China）指的同样也就是这"一个汉人的国家"，所以，在他们看来清和"中国"或只有部分的重合，而清的另外一部分，即所谓"内亚的帝国"，似乎就不是这个"中国"的一部分了。可是，实际上大家都知道，一个纯粹是由汉人组成的，或者一个完全脱离了汉人的"中国"，从来就没有存在过，它只可能是一个今人的"想象的共同体"。严格说来，在中国古代历史上，从来就没有一个纯粹的汉人的"中国"，而即使在一个由外族建立的征服王朝中，其主体也依然是汉人。将清朝泾渭分明地区分为"一个内亚的帝国"和"一个中国（汉人）的帝国"，并把清朝作为这两个帝国的统一体，这确实并不是非常妥当。当然，即使真的可以把大清如此明确地分成两个帝国的话，那么，它们作为一个整体也依然还是"清中国"（Qing China），这一点实际上在西文学术著作中常常表达得非常清楚。

最近，米华健先生在《上海书评》所做的一次访谈中坦言："我知道，很多人在不断暗示，甚至直接明说，'新清史'是分裂中国的学术阴谋，想要搞垮中国。这也是不对的。我可以理解他们为什么这样想，但这的确是个误会。我们之所以进行被称作'新清史'的研究，目标其实是调整、修正包括费正清在内的那一代历史学家的学术话语（discourse），比如朝贡制度，比如汉化，又比如中国中心论。"① 显然，将"新清史"作为一种"分裂中国的学术阴谋"确实是中国学界掀起批判"新清史"浪潮的一个最主要的原因，这是大家都心知肚明的一个事实。如果主张清不等于中国，或者说清不是中国，那么今天的中国能否名正言顺地继承"大清"留下的历史遗产，它对西藏、蒙古和新疆等内亚地区的统治是否具有合法性等等，这些似乎都成了问题，这自然是爱国的中国学者们无法接受的学术底线。

---

① 《米华健谈丝绸之路、中亚与新清史：发掘"被遗忘"的人群》，《东方早报·上海书评》，2017年7月9日版。

作为西方学者,"新清史"学者们的政治立场和学术研究的出发点自然都不可能与中国的清史学者们完全一致,而且清是否"中国"也不可能是一个纯粹的学术问题,对它的探讨,中、西方学者会有不同的视角、敏感和意义,故很难对它作心平气和的学术讨论。尽管"新清史"的代表人物近年来再三

图5-3　美国乔治城大学历史系教授米华健(John A. Millward)

澄清"新清史"并非是一个分裂中国的学术阴谋,但他们同时也坦承,"新清史"家们确实有人"倾向在'清朝'与'中国'之间划下一条界线,避免仅仅称呼清朝为'中国',也不仅仅称呼清朝皇帝为'中国'皇帝",或者认为"大清帝国与中华民国是有不同的政治目标的不同的政治实体,即使在人口和地理上清朝与现代中国明显重迭,两者间也非密合无缝,而事实上有许多参差冲突之处"。[①]当代的中国历史学家大概比西方学者更相信西方人总结的"一切真实的历史都是当代史"的说法,

---

①　语见欧立德:《满文档案与"新清史"》,刘凤云、刘文鹏编:《清朝的国家认同——"新清史"研究与争鸣》,中国人民大学出版社,2010年,第391页。

既然"新清史"家们不愿意在"清"与"中国"之间划一条等号，那么，他们就难以逃脱"分裂中国的学术阴谋"的指控。

显然，正是这种历史与现实的交织、纠结，才使得"新清史"在中国学者这里成了很严重的政治问题。如前所述，西方人所说的"China"常常指的是一个纯粹的汉人国家，所以说大清是中国也好，不是中国也好，其中已经有了一个预设的基本前提，即是说，大家同时承认在唐、宋、元、明、清这些具体的王朝之外，还当有一个抽象的、可以明确地指称为"中国"的民族／国家存在。但是，这个脱离了具体的历代王朝的"中国"、这个他们想当然地认为的一个纯粹汉族的"中国"，它无疑只是一个虚构的存在，相信没有哪一位"新清史"家真的可以对它做出明确的定义和解释。于西方的学术著作中，"Qing China"是一个我们更常见的对清朝统治下的中国的表述，这表明"清"和"中国"应该就是一个不可分割的、合二而一的概念。从强调"中国"不是一个纯粹的"汉人的国家"这个角度来看，"新清史"反对将"汉化"和"朝贡体系"作为两条主线来描述清朝及其对外关系的历史，以破除"汉族中心主义"对中国古代历史书写的影响，这对于我们理解"中国"具有正面和积极的意义。破除"大汉族主义"的历史观，强调"这个在内亚的新的、更大的中华帝国实际上是一个大清的创造这一事实",这对于我们正确理解今日中国这个由多民族组成的国家具有重要意义。它不但不应该是中国共产党要将中华民族的理想推及西藏、新疆和内蒙古等地区时的阻碍,相反应该成为它的助援。正如持"清世界主义"史观的西方学者所认为的那样,清代经济的繁荣和社会、人口、地理区划的广泛流动和变化,有力地推动了各族群之间文化、习惯和宗教传统间的深入交流,它所造成的积极影响显然不是对各族群画地为牢,并强化各族群的不同特点,而是对帝国内族群界限的穿越和打破,由此而形成了一种特有的具有世界主义性质的清文化。这种"清世界主义"对于今日中国建构一个融合各民族及其文化的中华民族的观念的认同无疑具有很有启发性的借鉴意义。只有片面强调作为"内亚帝国"的清的重要性,同时弱化作为"中国帝国"的清的历史意义,并将清和"中国"分离,这才会成为建构和叙述作为"一个民族国家之中国"的古代历史的障碍,并进而成为今日中国建构各民族〔族群〕共同承许的中华民族之身份认同的巨大困难。

值得充分强调的是,我们今天所讨论的、所争论的和所想象的这个"中国"是一个十分复杂的概念,它既是一个历史的、人文的概念,又是一个民族的、地域的概念,还是一个政治的、法律的概念,若我们只选取其中的任何一个方面来谈论一个抽象的中国,则一定是不全面和不恰当的,也都无法与这个现实的中国相对应。此外,中国还是一个处于不断变化和发展中的历史性的概念,"秦中国"与"清中国"绝非同样的概念,就如"清中国"和中华民国、中华人民共和国也非密合无缝一样。全部中国古代历史所揭示的一个事实是,所谓"中国"的内涵和外延时刻都在变化和发展之中,今日之中国的形成无疑是以上所有这些因素长期互动和发展的结果。所以,我们既不能因为外族入主的征服王朝的出现,或者因为这些王朝对内亚的经略远比汉族王朝更加深入而否认它们的"中国"性质,同时也不能固守"汉族中心主义"的历史观,坚持要把非汉族建立的王朝一概排除在我们理想的"中国"之外,或者非要以"汉化"的方式把它们改造成为我们理想的那个"中国",然后才把它们的历史纳入到古代中国的历史之中。

近年来,来自日本的"大元史"和来自美国的"新清史"都在国内产生了很大的影响,细究其中的原因,最主要的或就是我们自己在按照西方政治理念对民族国家所作的定义来理解和解释作为一个现代民族国家的中国和它与中国古代历史之间的关系,以及建构一个全国各民族百姓共同承认的中华民族的民族认同时所遭遇的巨大困难。近年来,国内学界对"何谓中国/何为中国"的讨论层出不穷,但这样的讨论似乎都很难脱离"汉族中心主义"的藩篱，其实际效果或与被他们激烈批判的"新清史"异曲同工。如果我们非要坚持以"汉族中心主义"的历史观来讨论"中国"这个概念及其形成的历史，那么，不管我们选择从哪个角度来看中国，也无论我们能够如何雄辩地证明于中国古代历史上的哪个时候、形成了一个何等样的"中国"，并如何确凿地表明自何时开始"大一统"的理念已经何等地深入人心，这个"中国"依然只能是我们汉族想象中的一个理想型的中国，它不但与我们今天所关切的这个现实的中国并没有必然的关联，而且也很容易把中国古代历史上包括大清在内的由非汉民族建立的王朝／帝国对今日之中国的形成所起的巨大作用排除在外。事实上，谁也不可能在这个过去了的［民族的、地域的、文化的］"中国"和这个现在的［多民族的、跨地域的、政治的和法律的］中国之间建立起一种严丝合缝且无可争议的历史联结。与其去虚构或者想象出一个古已有之的纯粹汉人的或者"汉化了"的"中国"，并费力地去建构它与现实中国的历史联系，倒不如像"新清史"学家们一样，彻底破除"汉族中心主义"的历史观，把"清中国"看成是连接"明中国"和中华民国的一个自然的历史阶段，而现实中国则是"明中国""清中国"和中华民国的自然发展和继承。显然，与将"大清"理解为由一个"内亚的"和一个"中国的"帝国所组成的"清中国"比较起来，坚持"汉族中心主义"的历史观，继续将清朝的历史区别于中国古代史上其他以汉族为中心建立起来的王朝的历史，甚至把清朝排除在他们理想中的文化的，或者人文的"中国"之外，这对于正确理解今日中国的国家身份认同，维护当今中国社会之稳定和领土完整可能造成的损害一定有过之而无不及。

三

2016年10月，笔者有幸受邀参加庆祝哈佛大学费正清研究中心成立六十周年的系列学术活动。在其中的一场学术演讲中，我有幸听到了美国"新清史"学派的另一位代表人物欧立德（Mark Elliot）教授本人对"新清史"的学术主张所做的一个简单明了的总结。他指出"新清史"最关键的学术主张有以下三条：一，清史研究必须重视清朝的"内亚维度"（Inner Asian Dimension），强调清朝统治的内亚性质；二，清史研究必须利用非汉文资料，特别是满文历史文献；三，清史研究必须重视全球背景，或者说清史研究应当立足于全球史语境之中。

与前述米华健先生的总结相比，欧立德教授总结的这三条"新清史"的主要学术主张显得更具时代感和超越性。他的简短的报告甚至根本就没有提到引爆了最为激烈的争论的"汉化"问题，也没有提到正是他们正在纪念和缅怀的那位费正清先生率先在西方学术界建立起来的有关"朝贡体系"的那一套"陈词滥调"。欧立德教授的报告给人的深刻印象是，"新清史"原来不过是顺应了历史研究的旧传统和新的发展趋势，从民族史、区域史和全球史等不同的角度，更多地利用第一手的满文文献而对清史所做的一种新的探讨，而眼下所有对"新清史"的批评和争论则都是出于对"新清史"的误解和误导，它们完全偏离了学术主题，无的放矢，所以是没有意义的，甚至是滑稽可笑的。

由于当时欧立德先生只是以主持人的身份在原定的会议议程中临时加入了他自己的这段报告，所以他并没有时间对"新清史"的上述三条学术主张的具体内容做更多的阐述。如果我们把他提出的这三条学术主张当作一种学术原则和学术方法，则它们显然不止是对于清史研究，而是对于整个中国古代历史，特别是对所有非汉民族主导的王朝历史的研究，都具有借鉴和指导意义。例如，如果我们把它们用于对与清朝史有很多相同特征的蒙元史研究的话，它们不但同样适用，而且于蒙元史中也一定可以读出很多与"新清史"相同的内容，而这样的研究实际上早已有杉山正明先生率先积极地主张和实践过。从这个意义上说,"新清史"之新意至少可适用于对整个中国古代北方和西北民族历史的研究。

图5-4　哈佛大学中国与内亚史教授欧立德(Mark C. Elliot)

由于欧立德先生提出的这三条学术主张牵涉了中国古代史、民族史研究中很受人关注的几个关键的问题点,而笔者自己的研究也始终与民族史相关,所以,他的总结给了我很大的启发,也促使我对他所提出的这些问题做进一步的了解和思考。首先,我希望更多地了解"新清史"所主张的"内亚维度"和清朝统治的"内亚性质"到底指的是什么? "内亚"(Inner Asia)不但是一个外来的概念,而且还是一个近代的概念，把它作为一个重大的地缘政治概念用于清史研究之中，显然是现代西方史家们的一个创造。就我有限的阅读经验来看，"新清史"学家们并没有对"内亚"这个概念有十分明确的界定，它有时直接与"新疆"这个概念混用，泛指古代西域突厥系诸伊斯兰民族居住的地区；有时又把西藏、蒙古和新疆等三个地区联结起来统称为"内亚"，故讨论清朝与内亚的交涉主要就是讨论清朝与西藏喇嘛、蒙古王公和新疆伊斯兰精英之间的互动和往来；有时还把满洲、蒙古、西藏和新疆联合起来，指称为清朝的"内亚帝国"部分，以此与"中国的帝国"相区别。大致说来，"新清史"家们讨论的内亚，在地理范围上与西方学术传统中的中亚研究所涉及的区域范围基本一致。[1]

或许正是因为"内亚"是一个近代才有的地域概念，所以"新清史"学家们在讨论清朝与内亚的交涉和对内亚的统治时，基本上都脱离清以前之"内亚"地区的历史，脱离清以前中国古代各王朝与内亚诸地区和民族之间错综复杂的历史关系，而只考虑和强调"内亚"地区是大清之"新疆"，认为是清代的对外扩张才把这些地区兼并进入了"中国"的版图之中。这

---

[1] 关于"内亚"的定义和有关"内亚性"和"内亚视角"的讨论，参见《钟焓谈辽史和内亚史研究》，《殊方未远：古代中国的疆域、民族与认同》，第113—153页。

种割裂清与清以前诸王朝之历史联系的内亚观，显然完全不符合中国古代历史之事实，是故也并不能像"新清史"家们所预期的那样，可以帮助人们正确理解内亚对于清朝历史的重要意义。

如前所述，"新清史"学者们主张"清不能被简单地视为一个普通的中国王朝，它在军事、文化、政治和意识形态上都很深入地与内亚相关涉"。这固然很有道理，但是，我们不应该同时就可以认为清朝对内亚地区的进一步渗透是清朝对一个与古代中国毫无历史关联的地区发动的纯军事性的殖民扩张。显然，清较之前朝对内亚地区的更深入的渗透，既不只是仅仅因为清具有明朝所不具备的军事实力，也不是因为清朝统治风格本身具有内亚性，或者说更具扩张性和侵略性，相反，它在很大程度上只不过是对其前朝历史的延续和继承。

事实上，中国古代历史上几乎没有一个朝代未曾和"内亚"地区相关涉，汉朝、唐朝和元朝自不待言，就是宋朝、明朝又何尝能够完全脱离与上述内亚地区的交涉而存在呢？比较而言，蒙古帝国确实是一个史无前例的对外征服和扩张的大帝国，蒙元王朝对西藏、新疆等内亚地区的统治和渗透事实上比清朝更为直接和有效，至少就我专业研究的西藏历史而言，元朝对西藏地区的控制和统治要比清朝直接和深入得多。即使是从军事力量上无法与蒙元相比的明朝，也继承了元朝留下的遗产，一直保持着和西藏等内亚地区的交涉。如果说明朝对西藏的统治确实没有元朝那么直接和有效的话，其原因并不在于明朝的军事力量虚弱到甚至不足以控制西藏，而在于它固守了汉族"严夷夏之辨"的统治理念，对西藏采取了"怀柔远夷"的统治策略。而且，如果说在政治上、军事上，明朝与西藏的关涉远不如元代那么深入的话，那么，在宗教和文化上，特别是在对藏传佛教的吸收和传播上，明朝与西藏的关涉甚至远远超越了元朝。[①]而清朝对西藏的统治则既不是像蒙古人当年一样发动直接的军事征服的结果，也没有采用元朝直接郡县其地的统治手法，更不同于明朝的怀柔政策，它采取了一种更加因地制宜、刚柔并济的统治方式。总之，清对西藏的统治不是纯粹的军事性的殖民扩张，而更多是对元、明与西藏之交涉的延续和发展。

近读欧立德教授的弟子、美国新奥尔良Loyola大学教

---

① Weirong Shen, "Accommodating Barbarians from Afar: Political and Cultural Interactions between Ming China and Tibet", *Ming Studies*, No.56, 2007, pp.37–93. 本文的汉文版见沈卫荣：《"怀柔远夷"话语中的明代汉藏政治与文化关系》，《西藏历史和佛教的语文学研究》，上海古籍出版社，2010年。

授Rian Thum获得了美国历史学会2015年度费正清奖的新著《维吾尔历史之圣道》,[①]这本书讨论的是二百五十年间处于中国统治之下的新疆突厥系穆斯林们的历史实践(historical practice),研究的是那些今天自称为维吾尔人的穆斯林于20世纪30年代开始如何通过书籍(手稿)的流通、朝圣、旅行和在伊斯兰圣徒墓前的讲史等活动,融合闪族、伊朗、突厥和印度传统的成分,成功地构建了他们独特的地方历史和民族认同。这部著作旨在扩大人们关于眼下维吾尔人和中国政府之间的紧张关系的相关知识,同时通过对历史这个概念的反思来探究人类与过去之互动的局限。不言而喻,这是一部很有新意和创意的著作,对于我们理解维吾尔人是如何想象和构建自己的历史和民族认同的过程当有巨大的帮助。但是,作者把维吾尔人的历史实践,亦即他们对自己的历史叙事的建构,基本上与清以前这个地区的历史,与传统被认为是维吾尔人之先辈的回纥〔鹘〕人的历史割裂开来,从而把今日之维吾尔人的历史建构纯粹当成是"传统的创造"(invention of tradition)的一个经典例子,这未免有点矫枉过正。

[①] Rian Thum, *The Sacred Routes of Uyghur History*, Cambridge, Massachusetts: Harvard University Press, 2014.

Thum先生认为,今日被称为维吾尔人的聚居区新疆(维吾尔人自称 *Altishahr*,意为"六城")归属于中国完全是"一个征服和殖民化的结果",而"这个故事的最有力的行为者既不是汉人,也不是维吾尔人"。"新疆"于1759年才最初被并入了基于中国的清帝国(the China-based Qing Empire),这是一个历

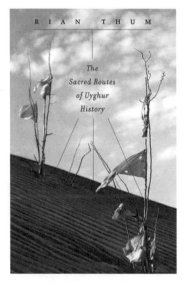

图5-5 《维吾尔历史之圣道》

史的偶然事件,它是在满人和准噶尔蒙古人之间跨越了几代人的权力争斗的一个意外结果。大清的乾隆皇帝本来对征服新疆之绿洲地区并无特别的兴趣,但他决意要把被他打败了的准噶尔蒙古人的全部遗产接收过来,所以他接着再用武力打败了当地突厥系穆斯林人(即维吾尔人)的反抗,并把这块地方确定为大清帝国的"新疆"。从此以后,"新疆"便成了清中国的一个部分,尽管在1933—1934和1944—1949之间或可认为新疆曾有过短时间的独立,但于清以后不管是中华民国,还是中华

人民共和国，它们都对新疆拥有主权统治。"新疆"自然地从内亚清帝国（the Inner Asian Qing Empire）的一个附属物转变成为作为民族国家的中国（the Nation-State of China）的一个组成部分。作者还借用Benedict Anderson先生的一句名言，形容中华人民共和国竭力将"短而紧的皮肤拉展开来，以遮盖住帝国这个巨大的身体"，对"六城"的历史进行了重新想象，即令"六城"完全消失于"新疆"之中。于是，这个将草原和以绿洲为点缀的沙漠进行不自然嫁接而形成的地理上的一个混合区，即被想象成了"我们伟大祖国的西北边疆"，从而被赋予了一种新的历史。而这种新的历史又把以往在汉、唐时代基于中国政权的一些［与内亚交涉的］插曲，作为说明"新疆"从来就是一个单一的［大一统的］、有上千年之久历史的中国（汉）民族（a monolithic, millennia-old Chinese nation）的一个自然的组成部分的证据。①

毫无疑问，Thum先生上述对清代新疆历史的描述具有十分浓重的"新清史"气息。首先，他对维吾尔族历史和新疆历史的讨论只限于清代，甚至是1759年以后的历史，不涉及清以前历代中原王朝与西域（内亚）地区的交涉。这给人留下的

---

① Rian Thum, *The Sacred Routes of Uyghur History*, pp.4–5.

深刻印象就是新疆只是大清的"新疆",是大清帝国的一个创造,所以它也是中国的"新疆",而维吾尔人本身也是在清朝才开始形成为维吾尔人,并与中国发生关联的。其次,他同样把清朝分成了"基于中国的帝国"和"内亚的帝国"两个部分,而将"新疆"指称为"内亚清帝国的一个附属"。再次,尽管作者承认"新疆"自1759年以来一直是中国的一个部分,但他对将"内亚清帝国的附属自然转变成为民族国家的中国的一个组成部分"持保留态度。作者显然不认同作为"内亚清帝国"的大清与作为一个"民族国家的中国"具有相对的同一性。最后,作者对中国学者以中国古代历史上如汉、唐时代曾与西域发生交涉作为例证来说明新疆"是一个单一的、有上千年之久[历史]的中国民族的一个自然的组成部分"的说法提出了批评。不难看出,作者并没有把作为"内亚清帝国之附属"的"新疆"视为它同时应该也是"作为民族国家之中国"的一个组成部分的合法理由,相反他把它作为一个问题提了出来。

从上述Thum先生对维吾尔族和新疆历史的讨论中,我们可以再次看出,"新清史"之所以引发巨大的争议,其根本问题无非还是我们究竟应该如何来看待清和中国的关系问题,或者说是我们应该如何来定义"中国"这个问题。"新清史"家们用力把大清构画成一个内亚帝国，明里暗里说它不能够等同于一个作为民族国家的"中国"，暗示前者的遗产不能被后者自然、合法地继承。可是，这里被故意跃过的一个问题是，脱离了作为内亚帝国的大清等历代王朝，我们又可以去哪里寻找"一个单一的、有上千年之久［历史］的中国民族（Chinese Nation）"呢？民族国家是一个近代西方出现的政治概念和国家形态，我们既没有办法在中国古代历史中区划出一个"作为民族国家的中国"，也无法否认今天这个"中国"与中国古代历史上的每个王朝都有紧密的关联。今天的中华人民共和国是从中国古代历史中蜕变出来的，至今它是否能够符合近代西方政治概念中的"民族国家"的标准依然还值得质疑和讨论，所以，要解释历史上的"内亚清帝国"到"作为民族国家的中国"的转变是如何可能和完成的，确实不是一件轻而易举的事情。[①]这不仅是"新清史"引发强烈反弹的一个纠结点，同样也是中国当代史家至今无法给出圆满解释的一个问题点。在这一点上，过分强调自古以来就有一个"大一统"的"中国"或

---

① 关于从帝国到民族国家之转变的讨论见 Joseph W. Esherick, Hasan Kayal eds., *Empire to Nation: Historical Perspectives on the Making of the Modern World*, Rowman & Littlefield, 2006，以及周锡瑞:《大清如何变成中国》,《民族社会学研究通讯》, 第 121 期, 2012 年。

者"中国民族",与片面强调大清作为内亚帝国的特殊性以解构大清的中国性质,其效果事实上异曲同工。只有超越了大汉民族主义来定义"中国",元、清这样的非汉族统治的征服王朝以及它们所征服和统治的边疆地区才能具有作为"中国"的合法地位。"新清史"引发争议的一个关键问题是,它一方面强调大清的内亚性质,以此与"中国"相区别,但另一方面又承认有一个古已有之的、独立于这些具体王朝的"中国"(China)或"中国民族"的存在,造成了人们对于中国历史和现实之认知的混乱。

四

"新清史"的另一个标志性主张是强调清朝统治的内亚性质,认为作为内亚帝国的清不仅其统治的地域包括了广阔的内亚地区,而且其统治思想、方式也表现出了与其前朝不同的强烈的内亚特性。由于传统的清史研究以满人汉化为中心而展开,重点研究"基于中国的清帝国"的历史,所以"新清史"的这个主张与传统的"汉化说"形成了强烈的比照。于是,坚守汉族中心主义立场,强调和捍卫汉化,还是批判汉化、强调清帝国的内亚特性,不但是区分传统清史与"新清史"的一个明确的分水岭,也是对清代在中国历史上的地位和意义做出完全不同的解释的基础。①

可是，具体说来到底什么是清帝国统治的内亚性质或者内亚特点呢？对此"新清史"家们似乎并没有给出一个明确的说明。在被贴上"新清史"标签的西方学者中间，除了对汉化的批判表现出惊人的一致以外，他们对清帝国的意识形态、统治方式和特点等都没有形成一致的看法。有人更强调清帝国统治保持的满族特性和满族身份认同，将大清帝国的统治方式称为"满族方式"（the Manchu Way，或曰"满洲之道"）；而其他人则更强调大清帝国的统治理念超越了满族特性和汉化模式，是一种"帝国的普世［适］主义"（Imperial Universalism）。② 显然，针对大清

---

① 参见 Evelyn Sakakida Rawski, "Presidential Address: Reenvisioning the Qing: The Significance of the Qing Period in Chinese History", *The Journal of Asian Studies*, Vol. 55, No. 4 (Nov. 1996), pp. 829–850; 汉译文见罗友枝：《再观清代——论清代在中国历史上的意义》，《清朝的国家认同——"新清史"研究与争鸣》，中国人民大学出版社，2010年，第3—18页；Ho Ping-ti, "In Defense of Sinicization: A Rebuttal of Evelyn Rawski's 'Reenvisioning the Qing'", *The Journal of Asian Studies*, Vol. 57 (No. 1), 1998, pp. 123–155; 汉译文见何炳棣：《捍卫汉化——驳罗友枝〈再观清代〉》，《清朝的国家认同——"新清史"研究与争鸣》，第19—52页。

② 前者或可以欧立德教授为代表，参见 Mark Elliott, *The Manchu Way: The Eight Banners and Ethnic Identity in Late Imperial China*, California: Stanford University Press, 2002; 后者或可以柯娇燕教授为代表，参见 Pamela Kyle Crossley, *A Translucent Mirror: History and Identity in Qing Imperial Identity*, Berkeley: University of California Press, 1999.

帝国同时具有"基于中国的帝国"和"内亚帝国"等双重和多重性格,史家从汉化、满族特性、内亚性等多个层面来探讨大清帝国之意识形态、统治方式和身份认同是完全有必要的,过分强调其中的任何一面而忽视另一面都是片面的、偏颇的。

与传统清史研究对清朝如何汉化以统治"基于中国的清帝国"的历史研究相比,"新清史"家们对清帝国之内亚特性的研究和发掘似乎还远远不够,以至于还无法确切地说明他们所强调的内亚特性究竟指的是什么?从目前所见"新清史"家们的著作来看,不管是强调清帝国统治之内亚特性,还是满族特性,或者说是帝国的普世主义原则,他们强调得最多的是清朝皇帝,或者说仅是乾隆皇帝一人对藏传佛教的深刻信仰,讨论的是藏传佛教所推崇的"作为菩萨的皇帝",或者统御世界的"转轮王"理念对清朝皇帝及其统治帝国之方式的影响。这样普遍的历史叙事方式不免给人留下这样的印象,即所谓满族特性,或者内亚特性,实际上既不满族,也不内亚,它们指的无非就是西藏特性,而大清帝国统治之意识形态(Imperial Ideology)亦无非就是他们所信仰的藏传佛教所鼓吹的"菩萨化身"或者"转轮王"思想。因此,"新清史"家们用来取代汉化的,既不是满族化,也不是内亚化,而是西藏化,或者说藏传佛教化。

据说前文提到过的那位 Donald Lopez 教授曾经说过这样一

句名言，曰"历史学家们不懂佛教，而佛学家们不在乎历史"（Historians don't know Buddhism, and Bodhologists don't care about history），阅读"新清史"家们的著作中对藏传佛教的理解和挪用，深感Lopez教授的这句名言真的很有几分道理。整体而言，无论是他们对清代藏传佛教史的研究或者引用，还是对被他们提升为大清"帝国的佛教意识形态"的"菩萨皇帝"或者"转轮王"思想的理解，"新清史"家们对藏传佛教的认识和理解可以说都是极其肤浅，甚至是错误的。而且，当他们讨论清帝国统治的这些内亚特性时，也很少与清以前各朝代与内亚交涉的历史做任何的比较，忽略了清所具有的这些内亚特性甚至并非是清所独有的历史现象。

图5-6 "菩萨皇帝"，清代丁观鹏所绘《乾隆皇帝洗象图》局部

与国内外清史研究风生水起不相协调的是，迄今为止学界对清代藏传佛

教史的研究并不多见，直接从宗教学或者宗教史角度研究清朝皇帝和清朝朝廷与藏传佛教关系的著述更是凤毛麟角。"新清史"学者们通常只从政治的角度来关心和理解清廷与西藏喇嘛的交往，对于藏传佛教本身则缺乏基本的知识和理解。由于与这主题相关的文献大多以满文、蒙文和藏文存世，清代汉译的藏传佛教文献比较少见，现在发现的曾于清宫廷内流传的藏传密教文献多为元、明旧译，而从事清史研究的学者较少能直接利用满、蒙、藏文文献，即使在"新清史"学家们中间，也没有出现专门研究清代藏传佛教史的专家，所以，他们对清廷与藏传佛教交涉的文献和细节都所知甚少。[1]总之，与近年来元、明二代朝廷所传藏传佛教历史研究成果卓著形成鲜明对比，清代藏传佛教史的研究尚有待深入开展。

---

①　多位"新清史"家们著作中对藏传佛教及其思想的描述大部分来自对20世纪80年代前后西方藏学著作的综述和引用，缺乏新意。近年西方专门研究清代藏传佛教史的著作值得一提的是 Johan Elverskog, *Our Great Qing: Mongols, Buddhism, and the State in Late Imperial China*, University Hawaii Press, 2008。这是一部专门研究清代蒙古藏传佛教史的专著，提供了大量学界不知的第一手的蒙文资料。此外，此书对清朝廷与格鲁派黄教的关系、藏传佛教于清政治中的意义等都有启发性的研究。对清代宫廷流行的藏传佛教文化和艺术的研究，可参考罗文华：《龙袍与袈裟：清宫藏传佛教文化考察》，紫禁城出版社，2005年，2卷；Patricia Ann Berger, *Empire of Emptiness: Buddhist Art and Political Authority in Qing China*, University Hawaii Press, 2003。

一个颇为引人注目和有趣的现象是，清史学界对乾隆皇帝个人与藏传佛教的关系关注极多，讨论大清帝国之意识形态，或者讨论"作为皇帝的菩萨"，也多半只拿乾隆皇帝一人说事，以至于给人这样一个强烈的印象，好像一部"新清史"不过就是一部乾隆皇帝如何统治大清帝国的历史。从国内外学者的研究成果中，我们可以看到乾隆皇帝与章嘉呼图克图有着十分紧密的宗教关系、他们二人曾联手推动了汉、藏、蒙、满四种文字的佛经翻译活动，乾隆皇帝在清廷禁城内所设的私庙梵华楼是一座典型的藏传密教无上瑜珈部的坛城式的建筑，①乾隆皇帝在热河夏宫兴建外八庙，把具有宇宙象征意义的藏传佛教建筑转变成为装点大清帝国腹地的庄严和美饰，②乾隆皇帝陵寝的设计和周遭所刻写的梵文咒语等也都与藏传佛教无上瑜珈部的仪轨有关，③所有这些都无一不反映出乾隆皇帝确实是一位对藏

① 参见王家鹏主编：《梵华楼》，紫禁城出版社，2009年，1—4卷。

② 参见 Philippe Forét, *Mapping Chengde: The Qing Landscape Enterprise*, University of Hawaii Press, 2000.

③ 参见 Françoise Toutain Wang（王薇），"Qianlong's Funerary Rituals and Tibetan Buddhism. Preliminary Reports on the Investigation of Tibetan and Lantsa Inscriptions in Qianlong's Tomb"，谢继胜、廖旸、沈卫荣主编：《汉藏佛教艺术研究》，中国藏学出版社，2006年，第130—169页；同氏："The Purification of Sins in the Ornamental Program of Emperor Qianlong's Tomb"，谢继胜主编：《汉藏佛教美术研究》，首都师范大学出版社，2008年，第397—420页。

传佛教之显密义理和瑜伽修习都有很深了解的信徒。

可是，即使乾隆皇帝或曾是一位很有造诣的藏传佛教信徒，或也曾自许为文殊菩萨化身或者转轮圣王，我们依然不能简单地把他的个人信仰和他的治国方略混为一谈，不能不加犹豫地把他所信仰的藏传佛教升华为他统治大清帝国的意识形态。众所周知，乾隆皇帝晚年曾经公开发布过一篇题为《喇嘛说》的学究式的圣谕，其中他一方面炫耀自己如何精通藏传佛教，另一面则对藏传佛教表现出的种种弊端，特别是对活佛转世制度从理念上的自相矛盾到实践中的营私舞弊等都作了十分严厉的批判，还再三声明自己潜心修学藏传佛教的目的仅仅在于"兴黄教即所以安众蒙古"，"而非若元朝之曲庇诏敬番僧也"。不难看出，乾隆皇帝煞费苦心撰写这篇圣谕的目的是为了刻意隐藏他个人的真实信仰，把他对黄教的支持解释成为一种治国安邦的权宜之计，以避免别人误解他对藏传佛教及黄教喇嘛们的偏私，从而凸显出他这位普世君主于智慧、方便二途的高明和过人之处。显然，元末以来汉文化传统中形成的一套妖魔化藏传佛教的话语，即认为是西藏喇嘛在蒙古大汗宫廷中传授的"秘密大喜乐法"导致了"世界征服者"的昏聩和大元帝国的遽亡，给后世帝王留下了极其深刻的影响，所以，即使雄才大略如乾隆皇帝者也无法打破这套话语对他的束缚，也要费力撇清自己和藏传佛教的关系。于此，我们不但看不出任何乾隆皇帝想要把藏传佛教当成其治国理念的意思，相反可以看出他极不愿意他的文武之治和十全老人形象会因他的藏传佛教信仰而受到损害。若就是因为这篇《喇嘛说》，我们便怀疑乾隆皇帝的藏传佛教信仰的话，那我们只好真心钦佩老佛爷的过人智慧了，他当初撰写这篇圣谕的初心果然至今未被人遗忘。但是，如果说尽管有这篇《喇嘛说》，我们还是相信乾隆皇帝真把藏传佛教当成了他统治大清帝国的意识形态的话，这就未免有点不近情理、过度诠释了，实非我等常人能够体会。总之，我们最好不要把乾隆皇帝个人对藏传佛教的信仰与清帝国统治的内亚性质混为一谈。

还有，假如我们对清以前的中国古代历史略加回顾，便可知藏传佛教于西域和中原地区的传播早在元代以前的西夏时代（1032—1227）就已经开始，西藏喇嘛被任命为帝师也是在西夏时代首次出现的事情。于藏传佛教史家笔下，西夏是一个与西藏、蒙古、于阗等地区一样的以佛教为"国教"，或者说是以佛教为其治国之意识形态的王国。而蒙元王朝则在整个西藏地区设立了三个宣慰使司，使之统属于中央的宣政院，并领之于帝师，对西藏地区实行了直接有效的统治。与此同时，藏传佛教于蒙古宫廷内外广泛流传，不但蒙古大汗十分宠信西番上师，民间对藏传佛教的信仰和修习也相当普遍，这为日后蒙古族全民信仰藏传佛教打下了深厚的基础。若要论对藏传佛教的信仰和对西藏的统治，蒙古大汗无疑都比清朝皇帝做得更多、走得更远。元朝蒙古人的汉化程度显然远远比不上清朝的满人，但他们的藏化程度却也是后者无法企及的。蒙古皇帝们对番僧的信任和重用，曾经引起了当时的汉族士人对番僧们的极大不满和愤怒。继元朝而起的明朝，虽然并没有致力于像元朝一样行之有效地对西藏实施直接的政治和军事统治，但藏传佛教于明朝中国的传播却甚至比元朝更加广泛和深入，大量来自西藏的喇嘛常住京城内传授密法，京城内外兴建了大量藏传佛教寺庙，现存大量汉译藏传密教文献中的绝大部分是明朝翻译的。明朝皇帝中只有极个别如明世宗因迷信道教而排斥藏传佛教，其余绝大部分都信仰藏传佛教。我们掌握有足够的资料显示明成祖永乐皇帝也曾是一名虔诚的藏传佛教徒，他在位时不但有大量来自西藏的喇嘛被封为法王、教王、国师和西天佛子等各种头衔，更有好几千西藏喇嘛长期居京自徼，各种藏传佛教的仪式、法事也成为京城内常川的宗教活动。如果说一个王朝的统治者对藏传佛教的信仰，以及藏传佛教于西域与中原的流行可以被认为是一个王朝或者帝国是否具有内亚性质或内亚特性的一个典型标志的话，那么不只是元朝，就是明朝也同样可以算作是一个"内亚帝国"了，因为明成祖永乐皇帝对藏传佛教的信仰丝毫不逊于清高宗乾隆皇帝，他作为大明皇帝在西藏僧俗社会的影响力也一点不比乾隆皇帝弱。[①] 现存汉译藏传佛教密典中有不少传说都是从乾隆宫中流传出来的，例如最著名的汉译藏传密典集成《大乘要道密集》等，而这些汉译藏密教仪轨多半又是明代的传译本，[②] 由此推测乾隆皇帝对藏传佛教的信仰和修习或也曾得益于藏传佛教在其前朝宫廷中的传播，是受了前朝宫廷所流传的藏传佛教的影响。总之，将乾隆皇帝个人对藏传佛教的信仰作为清朝帝国统治之内亚特性的标志，这是没有什么特别的道理的。

五

如前所述，清代藏传佛教史的研究尚有待深入，我们对

---

① 参见沈卫荣：《文本对勘与历史建构：藏传佛教于西域和中原传播历史研究导论》，《文史》2013年第3辑；《论蒙元王朝于明代中国的政治和宗教遗产——藏传佛教于西夏、元、明三代政治和宗教体制形成中的角色研究》，《8—15世纪中西部西藏的历史、文化和艺术》，中国藏学出版社，2014年。

② 参见沈卫荣：《论〈大乘要道密集〉的成书》，《中国藏学》2016年第3期，第11—20页；安海燕：《乾隆帝御用藏密瑜伽修行宝典〈究竟定〉编译背景考——附论乾隆帝的藏传佛教信仰》，《西域历史语言研究集刊》，第8辑，科学出版社，2015年，第505—522页。

清代政治制度、治国理念与藏传佛教的实际关联还所知甚少。"新清史"家们津津乐道的一个故事是：清朝征服北部中国前后，自皇太极到康熙皇帝等清初的统治者们，都对传说中得自成吉思汗黄金家族的最后一位直裔领袖、察哈尔蒙古大汗林丹汗之手的一尊大黑天神金铜像极为推崇，因为据传它原本是八思巴帝师献给元世祖忽必烈汗的，故弥足珍贵。于是，这尊大黑天金像竟然被演绎成为初建中的大清国的护法，甚至成为赋予大清建国合法性的一个象征。这样的说法未免失之过度诠释，即使大黑天神确曾被元朝的蒙古人认为是帮助蒙古军队最终征服南宋的战神，故曾一度被视为"国之护赖"，但大黑天神作为藏传佛教萨思迦派所推崇的一尊护法，它不过是从西藏传到西域和中原的众多藏传佛教护法中的一个，对大黑天的崇拜和修习开始于西夏、盛行于元朝，也多见于明代传译的藏传密教仪轨中，但严格说来，它从来不具备可以护佑国家建立之至尊神灵这样的象征意义和崇高地位。[①]

---

① 参见沈卫荣:《西夏、蒙元时代的大黑天神崇拜与黑水城文献——以汉译龙树圣师造〈吉祥大黑八足赞〉为中心》，收入氏著:《西藏历史和佛教的语文学研究》，上海古籍出版社，2010年，第418—439页。王尧：《摩诃葛剌崇拜在北京》，《西藏文史探微集》，中国藏学出版社，2005年。Martin Gimm, "Zum mongolischen Mahākāla-Kult und zum Beginn der Qing-Dynastie—die Inschrift *Shisheng beiji* von 1638", OE 42, 2000/01, （转下页）

此外，研究清代与西藏关系史的学者们还都乐于把五世达赖喇嘛与清顺治皇帝的初次会面，完全按照元初八思巴帝师与元世祖忽必烈汗建立的所谓"供施关系"（mchod yon）的模式来描述和解释，以此来构建清朝与西藏之政教关系的历史叙事，并赋予这一事件对于大清历史重要的意义。可是，将蒙古大汗或者清朝皇帝与西藏喇嘛的政治、宗教关系形塑成一种貌似纯粹宗教性质的"施主与福田"（yon bdag dang mchod gnas）或者"保护人与上师"之间的关系，这本来只是西藏佛教史家的一种天才的创造。其初衷是为了强调西藏喇嘛和蒙古大汗之间特殊的政教关系，以提高西藏喇嘛，特别是以元朝帝师为首的萨思迦派上师，在其本土的政治和宗教地位；到了近代，这种貌似纯粹宗教的"供施关系"则又成了近世某些喇嘛史家和西方追随者们用来否认西藏喇嘛们与蒙古大汗或者清朝皇帝之间实际存在的

（接上页）pp. 69-103.。除了曾将观音、文殊和金刚手三位菩萨的化身分别想象为西藏、汉地和蒙古三地的政教领袖以外，事实上没有任何其他菩萨被推为一个国家的护法这样的高度，尽管大黑天有时也被认为是观音菩萨的化身，但对它的信仰和崇拜因地方和教派的区别而各不相同，它从来也不曾被认为是元朝或者清朝的国家级的护法。以前还曾有学者将元朝宫廷对佛顶金轮和白伞盖佛母的崇拜作为树立元朝皇帝之转轮王身份的仪式，但此说后来也被证明失之牵强。参见王薇：《白伞盖佛母：汉藏佛教的互动》，《故宫博物院院刊》，第5辑，2007年，第98—120页。

政治依赖和从属关系的一种说辞。[①]显然，将五世达赖喇嘛和清顺治皇帝的会面附会成"供施关系"的建立，更可能是西藏喇嘛们的一厢情愿，后来的清代皇帝似乎并不认同这种关系。譬如乾隆皇帝，即使在宗教领域，他大概也很不情愿屈居西藏喇嘛们之下。总之，不管是"大黑天崇拜"，还是"供施关系"，它们既不能被视为可用来表明清朝之帝国意识形态的实际内容，也不反映清朝与西藏、蒙古之政教关系的历史真实。

　　与"大黑天崇拜"或者"供施关系"相比，看似为乾隆皇帝量身打造的"作为菩萨的皇帝"（Emperor as Bodhisattva）和"转轮王"（Cakravartin）的身份、形象或许更接近"清帝国意识形态"的重头部分。把乾隆皇帝称为"文殊菩萨皇帝"或者"转轮王"，无疑可以在作为世俗君王的乾隆皇帝身上添加上富有神格魅力的宗教神性，标明他是一位超越了世俗万有，具有统御十方、救度众生之智慧、方便和愿力的非凡的政治领袖。可是，将俗世的帝王赞誉为出世的菩萨化现或者转轮王再世，这并不是清代的首创，甚至也不是藏传佛教特有的现

------

　　① 参见沈卫荣：《中世纪西藏史家笔下的蒙元王朝及其与西藏的关系》，张志强主编：《重新讲述蒙元史》，三联书店，2016年，第128—155页。

图5-7　第五世达赖喇嘛觐见清帝场景，布达拉宫壁画

象，这样的事例在中国古代历史上早已屡见不鲜。大家都熟知连武则天都会在《大云经》中找到女菩萨转世，下凡为转轮圣王的预言，以此为其篡位称帝造势。[①]因此，把清朝皇帝塑造成菩萨皇帝或者转轮王，这同样不能用来说明清朝帝制（或者说王权 kingship）拥有独特于其他朝代的内亚性质。

　　当然，把乾隆皇帝塑造成文殊菩萨的化现和转轮王再世，这显然不是汉传佛教的做法，而确实是藏传佛教的作为。五世达赖喇嘛在其自传中很自然地称呼清顺治皇帝为"文殊大皇帝"，同时也视其为"转轮圣王"。[②]但是，同样的做法早在蒙元时代就已经出现，以八思巴帝师为首的西藏喇嘛就曾努力把成吉思汗以来的蒙古大汗塑造成统御世界四大部洲的转轮圣王，也曾经有西藏喇嘛将元世祖忽必烈汗称为文殊菩萨的化现。[③]从11世纪末、12世纪初开始，西藏佛教历史书写中就经

---

　　① 参见 Antonino Forte（富安敦），*Political Propaganda and Ideology in China at the End of the Seventh Century*, Istituto Universitario Orientale, 1976.

　　② 详见陈庆英、马连龙、马林译：《五世达赖喇嘛罗桑嘉措传》，台北：全佛文化事业有限公司，2003年，第一函，上、下。

　　③ 参见沈卫荣：《再论〈彰所知论〉与〈蒙古源流〉》，《中研院历史语言研究所集刊》，第77卷第4分，台北：中研院历史语言研究所，2006年，第697—727页；孙鹏浩：《薛禅可汗与文殊菩萨：见于〈邬坚巴传〉中的某一种联系》，沈卫荣主编《汉藏佛学研究：文本、人物、图像和历史》，中国藏学出版社，2013年，第591—594页。

常把西藏称为观音菩萨的化土，把西藏的政教领袖认定为观音菩萨的化身；及至元末和元以后，西藏喇嘛们又把汉地的皇帝称为文殊菩萨的化现，把蒙古大汗称为金刚手菩萨的化现，形成了一种于佛教世界意义中的特殊的"三圣"（trinity）结构，分别代表慈悲（观音）、智慧（文殊）和勇武（金刚手），以此将西藏、蒙古和汉地紧密地连结在一起。八思巴帝师曾撰写赞辞，称颂忽必烈汗为转轮圣王，还具体地指称其统治地域为汉地、蒙古和西藏等三个地区。这样的佛教历史叙事也很快影响了蒙古人的历史书写，到乾隆皇帝时代，汉地皇帝是文殊菩萨化身的说法早已在藏传佛教流行的地区内深入人心了，所以乾隆皇帝顺理成章地被西藏人、蒙古人认为是文殊菩萨的化身。于当时的历史语境中，汉地的皇帝实际上并不是一位汉人，而是一位满人这一事实，显然不会像今天讨论"新清史"时一样引发巨大的争议。

显然，不但把清朝皇帝塑造为文殊菩萨的化身并非满人自己的创造，而且这个"菩萨皇帝"的身份认同从其本意而言也并不给予清朝皇帝以"中国［汉地］皇帝"（rgya nag gi rgyal po）以外的更多的政治意义，甚至反而把它的统治地域限定在了汉地，因为西藏和蒙古分别是观音和金刚手菩萨的化土，它们不是文殊菩萨管领的范围。所以，乾隆皇帝之所以接受这样的称号，大概不是因为这是一个更有帝国性、内亚性，和更有扩张性和普世意义的称号，更不是因为它是一个可以用来取代古代中国之"圣武皇帝"这个传统称号的新称号。一个更加合理的解释是，作为大清帝国的皇帝，正如"新清史"家们所主张的那样，乾隆不但要统治一个"基于中国的帝国"，而且还要统治一个"内亚的帝国"，所以他需要在不同的时空里扮演不同的角色。对于大多数的汉族臣下来说，他必须是一位文治武功双全的"圣武皇帝"，对于满人来说，他又必须是一位勇武善战的部族联盟头领、可汗，而对于信仰藏传佛教的西藏人、蒙古人来说，他最好的形象就应该是一位菩萨皇帝，是文殊菩萨的化身。① "文殊菩萨化身"这一角色，除了可以赋予

――――――

① "作为菩萨的皇帝"这一议题是近四十年前由美国学者David M. Farquhar最早提出来的，参见其大作"Emperor as Bodhisattva in the Governance of Ch'ing Empire"，*Harvard Journal of Asiatic Studies*, Vol. 38, No. 1, 1978, pp. 5-34；这是一篇具有典范意义的优秀学术论文，可以说迄今尚未过时。尽管作者当时所能利用的第一手资料比我们今天所见的资料要少得多，但他通过扎实的语文学式的研究，充分吸收当时所见的二手学术成果，对乾隆皇帝作为文殊菩萨化身这一形象之塑造的源流，以及它对清帝国统治的意义做了细致的梳理，作者的研究表明"作为菩萨的皇帝"只是乾隆皇帝所扮演的众多角色中并不是很重要的一个，其意义不应该被任意的夸大。在他的这篇文章中，乾隆皇帝被称为"文殊菩萨皇帝"一事也没有与清帝制的内亚性扯拉上关系。可是，在后人的许多清史研究著作中，"作为菩萨的皇帝"成为了一个有魔力的词句，对它于清代历史上的意义也多了很多十分夸张的解释。藏传佛教仪轨、仪式也常常被（转下页）

清朝皇帝个人以宗教意义上的特殊光环之外，也可能使清帝国对西藏和蒙古的统治变得更加容易接受。但是，藏、蒙佛教史家称颂清朝皇帝为文殊菩萨化身的本意大概并非是为了要表明西藏、蒙古接受大清帝国统治这一事实，相反，从宗教意义上说，观音菩萨或者金刚手菩萨的化土与文殊菩萨的化土并无高下之分，推崇大清皇帝为文殊菩萨的化身，表明的更可能是藏传佛教徒们想在西藏、蒙古与大清之间建立一种平等地位的美好愿望。由是观之，把大清皇帝推为"菩萨皇帝"显然不可能如"新清史"家们所期待的那样，是藏传佛教徒专门为乾隆皇帝创造出来的一套"帝国意识形态"，并以此作为他统治一个巨大的内亚帝国的一种方便。

（接上页）抽离出藏传佛教本身的语境而给以不着边际的政治性的诠释。参见 James Hevia, "Lamas, Emperors, and Rituals: Political Implications in Qing Imperial Ceremonies", *Journal of International Association of Buddhist Studies*, Vol. 16, No. 2, pp. 243–276. 对于"菩萨皇帝"于印藏佛教传统中的意义的最新研究和诠释，参见 Georgios T. Halkias, "The Enlightened Sovereign: Buddhism and Kingship in India and Tibet", *A Companion to Buddhist Philosophy*, ed., Steven M. Emmanuel, Hoboken: Wiley-Blackwell, 2013, pp. 491–511; Lewis Doney, "Emperor, Dharmaraja, Bodhisattva? Inscriptions from the Reign of Khri Srong lde brtsan", *Journal of Research Institute, Kobe City University of Foreign Studies* 51, 2013; "Early Bodhisattva-Kingship in Tibet: The Case of Tri Songdétsen", *Cahiers d'Extréme-Asie*, 24, 2015, Kingship, Ritual, and Narrative in Tibet and the Surrounding Cultural Area, pp. 29–48.

从藏传佛教思想，特别是要从自身还在寻求蒙古和硕特部族头领固始汗的军事支持以在西藏建立政教合一统治的格鲁派，亦即黄教的教法思想中，去寻找支撑大清统治中原与内亚的帝国意识形态，这听起来就有点让人觉得不可思议。西藏历史上唯一一段统一、强盛、可以被称为帝国的时期，还要回溯到公元8世纪时的吐蕃帝国。自9世纪初吐蕃王国分裂以后，西藏再没有能够重建一个统一、强盛的政体。藏传佛教教派林立，造成了西藏社会长期严重的分裂，直到五世达赖喇嘛兴起，西藏才再次出现了一个相对统一的局面。作为观音菩萨的化土，西藏名义上处在观音菩萨的化身——达赖喇嘛政教合一的统治之下，但它同时又受到清朝皇帝和蒙古汗王的双重监视和控制，它在任何方面都难以与作为文殊菩萨化身的"中国皇帝"统治下的大清帝国相比较。将西藏构建为观音菩萨的化土，并将吐蕃王朝的第一任国王松赞干布和以后的达赖喇嘛等都想象成为观音菩萨的转世，并赋予他们同时掌管宗教和世俗两个世界之权力的转轮王身份，这是藏传佛教宣传家们经过好几个世纪的努力的结果。[1]但这一套将政治权力与宗教思想完

---

[1] Leonard W. J. van der Kuijp, "The Dalai Lamas and the Origins of Reincarnate Lamas", *The Dalai Lamas, A Visual History*, edited by Martin Brauen, Chicago: Serindia Publications, 2005, pp. 15–31； （转下页）

美地结合在一起，并在西藏行之有效的"意识形态"是否同样适合于作为清朝帝国的"意识形态"，是否能为清朝皇帝统治"中国的"和"内亚的"大帝国提供政治上的合法性和宗教上的超越性意义，这无疑还是值得进一步讨论的。总体而言，大清帝国并不是一个佛教帝国，且不说文殊菩萨皇帝的身份并不等于普世君主，它甚至都不算是西藏和蒙古的皇帝，而对于内亚地区的新疆穆斯林民族而言，菩萨皇帝的身份大概也不见得比圣武皇帝这个身份更有权威。藏传佛教对于清朝帝国的特殊意义或确实在于它是连接清朝与蒙古和西藏的一根很有力的纽带，尽管清朝皇帝故意要把他们的宗教信仰政治化为"兴黄教以安蒙古"的世俗政治动机。

对于藏传佛教中的王权思想，以及它在清代满、蒙、藏三边外交关系中的意义，日本早稻田大学的石濱裕美子教授曾经做过十分细致的研究，她的许多观点与美国的"新清史"家们可谓不谋而合。由于她是一位兼通满、蒙、藏、汉四种文字和学问的专家，能够同时利用上述四种文字的文献资料，故她在这个研究领域内具有西方"新清史"家们难与伦比的权威

（接上页）Ishihama Yumiko, "On the Dissemination of the Belief in the Dalai Lama as a Manifestation of the Bodhisattva Avalokitesvara", *Acta Asiatica* 64, 1994, pp. 45–49.

性。[①]石濱教授曾以对五世达赖喇嘛进京与顺治皇帝见面这一历史事件为例,解释传统清史研究所面临的困境。如果从大汉族主义的观念出发,五世达赖喇嘛进京觐见顺治皇帝无疑是一次朝贡之旅,而从西藏喇嘛所持的"供施关系"的角度出发,那么五世达赖进京是一次弘扬佛法的传教之旅,但这二者无疑都有失偏颇。于是,石濱教授提出了一个新颖的观点来解释清朝满、蒙、藏的三边外交关系,她认为17世纪早期的满族、蒙古和西藏共享了"佛教政治"(chos srid,译言"法政"),或者说"佛教政府"(Buddhist government)这一概念,而这个概念便是满、蒙、藏三边正式外交关系的基础。[②]这个所谓"佛教政府"概念指的就是藏传佛教所宣扬的"政教合一"制度(lugs gnyis, gtsug lag gnyis或者khrims gnyis,译言"两种制度""两种法律"或者"二道"等等),它最早见于《玛尼宝卷》(Mani bka' 'bum)和《莲花遗教》(Padma bka' thang)等

---

① 石濱裕美子:《チベット仏教世界の歴史的研究》,東方書店,2001年;同氏:《清朝とチベット仏教 菩薩王となった乾隆帝》,早稲田大学出版部、2011年。

② Yumiko Ishihama, "The Notion of 'Buddhist Government' (chos srid) shared by Tibet, Mongol and Manchu in the Early 17th Century", Christoph Cüppers ed., *The Relationship Between Religion and State (chos srid zung 'brel) in Traditional Tibet, Proceedings of a Seminar held in Lunbini*, Nepal, 2000, Lumbini International Research Institute, 2004, pp. 15-31.

11、12世纪出现的藏文伏藏文书（*gter ma*）中，它们把松赞干布塑造成为观音菩萨的转世，即以"政教二道"统治西藏的政教合一的领袖。由于《玛尼宝卷》和《莲花遗教》等伏藏较早就被翻译成了蒙文，所以蒙古人很早就接受了"佛教政府"这个概念，如16世纪出现的著名蒙文史书《白史》中就专门对"政教二道"的概念做过详细的阐述。后来，经第三世、五世达赖喇嘛的传播，这个概念当在蒙古和满族中普遍流传，故在17世纪的蒙文、满文文献中经常出现这个词汇。但是，由于汉语文中没有和"政教二道"相应的词汇，故这个概念没有出现于清代的汉文文献中，所以，这个对于研究清代满、蒙、藏关系最为关键的概念长期以来不幸被只能依靠汉文文献来研究清史的学者们忽略掉了。

石滨教授的语文能力实在令人叹为观止，但是，不得不说，在她所做的这种出色的文献研究与她所要讨论的历史问题之间，我们似乎还需要在清代的具体历史实践中找出它们之间的实际联系。从她的研究中，我们既看不出在17世纪初的藏、满、蒙文文献中都曾出现的"佛教政府"这个词汇如何可以被认为是同时期满、蒙、藏三边外交关系的基础？也看不明白"佛教政府"这个概念究竟是如何影响了清朝对蒙古和西藏这两个地区的统治的？"政教合一"的理念确实可以被认为是藏传佛教所创造和推行的一套统治世界的"意识形态",而前述"菩萨皇帝"和"转轮王"思想都是这套"意识形态"的组成部分。但是,仅仅凭藉清代满、蒙文文献中出现了与藏文中的"佛教政府"("法政"或者"政教二道")这个概念相对应的词汇,我们大概还无法因此而肯定清朝皇帝已经全盘采纳了藏传佛教所宣传的这套佛教政治思想,并将它转化成了他们统治大清帝国的意识形态。

对一个他文化中的词汇和概念的接受应当有一个相当长期和复杂的过程,相应的词汇、译文的出现,并不表明这个词汇所传达的概念、意义也被原样地接受了。石濱教授文章中提到与藏文中的"政教合一",确切地说是"两种制度"(lugs gnyis)这个词对应的蒙古语词最早出现在著名的蒙文史书《白史》中,这部伪托为忽必烈时代所造的蒙文著作对政教合一的"两种制度"做了详细的诠释,它不但对蒙古佛教政治的发展有过重要的影响,而且也赋予了藏传佛教中原有的"政教合一"理念以新的意义。《白史》中所说的"两种制度"与《玛尼宝卷》等藏文文献中宣扬的政教合一的"两种制度"虽然表面上看起来有明显的传承关系,但实际上其内涵已经有了很大的改变。《白史》中所说的"政教二道"又分别将政治和宗教二道再细分为二,其中的"教"分成显、密二宗,而"政"则是采纳了汉族儒家文化传统中为其君主之王政所设定的"文武二治"。①可以说，《白史》所倡导的"政教二道"思想是在融合了汉、藏两种不同的政治和宗教思想、制度的基础上，形成的属于蒙古人自己的特殊的政教合一思想和制度。这一事例对于我们理解蒙古政治和宗教历史的发展具有十分典型的意义。

石滨教授文章中还提到大清皇帝致固始汗的一封信中出现了"佛教政府"这个词汇（törü sasin），相当于藏文中的"法政"（chos srid），但在见于《大清实录》中的与其相应的汉文文本中，它却仅仅被译作"道"或者"致治之道"。石滨教授认为这是由于汉文中没有一个好的词汇可与"法政"或者"佛教政治"一词相应，所以汉文本就把满、蒙文中出现的这个词汇给省略掉了。可是，石滨教授或许不应该排除的另外一种可能性是，在满、蒙文中出现的这个词汇——"佛教政府"，在整个清朝历史语境中的实际意义无非就是汉文中的"道"或者"致治之道"。与"政教二道"比较起来，"文武二治"或许更可能是大清帝国之治的"意识形态"。或者，在乾隆皇帝的政治文化语境中，"政教二道"和"文武二治"根本就是相

---

① 参见乌云毕力格：《王政者，文武二治也——释《白史》中的 ANKKA 与 KILBAR(ČINK、IIQ-A)》，《西域历史语言研究集刊》，第6辑，科学出版社，2013年。

同的东西。在做这类细致的文本比较研究的同时，我们也应该
以同样的细致去研究乾隆皇帝如何统治大清帝国之具体实践的
历史。

六

"新清史"的另一个学术主张，即清史研究应该重视利用
非汉文文献，特别是满文文献，这本来就是一个常识，毋庸置
疑。大清帝国是满族建立的王朝，从其立国到灭亡，满族贵
族、精英一直是清朝统治阶级中的主导力量，满文是在清官方
和民间始终流通和使用着的活的文字，迄今留存的满文文献资
料极其丰富，它们自然和汉文文献一样，是研究清朝三百余
年历史的最基本和最重要的文献资料。不仅如此，正如"新清
史"所强调的那样，清朝不但是一个"基于中国的帝国"，而
且还是一个"内亚帝国"，所以要研究清史不仅要利用汉文和
满文资料，而且至少还必须利用蒙古文、藏文和维吾尔文等文
献资料，清史研究的进步和发展有赖于多语种民族文字文献资
料的发现、利用和比较研究。

可是，不管是在西方，还是在中国，清史研究和满学研
究，或者说对清朝那个"基于中国的帝国"和那个"内亚帝
国"的研究，长期以来却分属于两个不同的学科和学术领域，

前者属于汉学或者中国古代史研究的范畴，而后者则属于中亚学、内亚史或者民族学、民族史的研究范围，所以，传统从事清史研究的人多半是利用汉文文献研究中国古代历史的汉学家，而从事满文、蒙古文文献研究的清代内亚史的人则多半是中亚语文学家或者内亚学者。譬如，哈佛大学中国研究的奠基者费正清先生从本质上来说是一位清史学者，他只利用汉文文献来研究清后期的历史，而他在哈佛的年轻同事Joseph Francis Fletcher先生则主要利用满文、蒙文、伊斯兰语文文献来研究清代内亚的历史，他的身份是一位中亚语文学、中亚历史教授。这样的传统在美国学术界长期保持着，如欧立德教授的老师James Bosson教授毕生从事满文、蒙文和藏文文献研究，他一度曾经代理Fletcher教授在哈佛留下的中亚语文学教授席位；与欧立德先生平辈的学者中有Johan Elveskog教授利用蒙古文、汉文和伊斯兰语文文献研究清代内亚史，成果卓著，但他一般不会被人当作是清史学者，而更多被认为是一位中亚语文学家或者宗教学者。同样，在欧洲和日本，长期以来研究蒙古学、满学的也都属于中亚语文学范畴，主要以利用蒙古文、满文文献研究蒙古和满族的历史、文化为主，与主要利用汉文文献研究元史、清史的学者不同。大概正是因为这个原因，狄宇宙（Nicola di Cosmo）先生认为"美国新清史"是承继欧

洲、日本蒙古学、满学研究传统的舶
来品，本身没有什么新意。①

如前文所述，"新清史"强调清史
研究要注意其"内亚维度"，即要把对
清"内亚帝国"的研究作为清史研究
的重头戏，这意味着要把原来分属于
两个不同的学科和不同的学术领域的
清史研究整合到一起。这样的学术整
合或与北美中国研究这个学科本身的
发展，特别是全球史研究的兴起有直

图5-8 中亚语文学家、
内亚学家Joseph
Francis Fletcher
（1934—1984）

接的联系。形象地说，正如今天的欧立德教授一人肩负的是当
年费正清和Fletcher两位先生的教职一样，清史研究与内亚史、

---

① 见《狄宇宙谈内亚史研究》，《殊方未远：古代中国的疆域、民
族与认同》，第207—208页。此或可以笔者曾经就读过的德国波恩大
学"中亚语言文化学研究所"（Seminar für Sprach- und Kulturwissenschaft
Zentralasiens）作为例子来略作说明。这个研究所曾经是当时世界最知名的
中亚研究学术机构之一，而其下设学科最主要的就是蒙古学、满学、藏学，
还兼顾古代突厥、回鹘研究，其专业名称是"中亚学"或者"中亚语言文
化学"，实际上就是"中亚语文学"。而在这个研究所从事蒙古学、满学研
究的学者，主要不是研究元史、清史的学者，后者更多应该出现在汉学系
或者历史系。如德国二战后最著名的元史研究大家傅海博（Herbert Franke，
1914—2011）先生同时也是德国战后汉学研究的领军人物，是德国慕尼黑
大学的汉学教授。

中亚语文学至少在哈佛大学已经合二而一了。在这样的整合中，中亚语文学和内亚学的"语文学"特征渐渐变弱，正在失去其过去曾经享有过的十分崇高的学术地位，而对一个内亚帝国，或者说一个跨越欧亚的清帝国历史的研究，则不但超越了传统中国研究的范畴，而且还与近年来来势迅猛的全球史研究的大趋势一拍即合，其重要性得到了前所未有的提升。正是在这样的学术整合中，以满文为主的非汉文文献资料对于清史研究的重要性被提到了前所未有的高度。①

---

① "新清史"学者对满文文献的重视从其学术趋向和取径来看或与同时代美国学界出现的所谓"新语文学"（New Philology）运动有一定的联系，当时有一批从事中美洲人种史、民族史的年轻学者，尝试以对"新语文学"的坚守来复兴他们的研究领域。而所谓"新语文学"，即是强调土著语文资料的重要性，并运用语言学和历史学两种学术进路来处理这些土著语文文献。参见 Matthew Restall, "A History of the New Philology and the New Philology in History", *Latin American Research Review* 38, no.1, 2003, pp. 113−134.

值得强调的是，提倡利用满文文献研究清史，这本身并无新意。正如狄宇宙先生一针见血地指出的那样，"事实上，与其说'新清史'提出了什么新的历史研究方法（使用非汉族语言的文献材料自然不算，因为这并非研究方法），还不如说它体现了一种更加包容多元、更具学术敏感性的研究视野。"也正是从这个角度出发，狄宇宙先生认为"新清史"根本没有新意，它只是引入了日本、欧洲旧有的蒙古学、满学研究的传统和方法，以批判美国以费正清为领袖的"晚期中华帝国研究"。他说："在我看来，'新清史'是各类舶来学术观点的混合物，其中包括了日本的满蒙研究，还有欧洲的满洲学、蒙古学研究（主要基于德国学术传统）。这些学术观点被捆绑在一起，以一个全然不同的名称输入美国。不管是日本（转下页）

随着"新清史"在中国学界之影响的不断扩大，几乎它的所有主张都受到了严重质疑和挑战。围绕满文文献对于清史研究的重要性也出现了激烈的争论，而这样的争论与其说是一场学术的争论，倒不如说是辩论双方间的一场意气之争，因为满文文献对于清史研究的价值世人皆知，怎么强调都无可非议。[①]"新清史"家们对满文文献的强调凸显出汉族中心主义主导下的传统清史研究的缺陷和不足，中国的清史研究长期以利用汉文文献研究清代"基于中国的帝国"历史为主流，而"新清史"提倡利用满文等非汉文资料，强调研究清代的"内亚帝

（接上页）学术传统，还是欧洲学术传统，清朝研究的主要学术根基是对蒙古和满族的研究。但美国的中国学研究传统却与日本、欧洲不同，尤其是在二战以后，随着东亚研究的兴起，美国的清史研究就此与日本、欧洲的汉学传统相剥离。美国学者对'晚期中华帝国'的研究，主要关注以下问题，如中国的现代性研究、西方列强的冲击以及鸦片战争等。培养了许多知名中国学家的哈佛费正清学派对中国学的坚持是最为彻底的，几乎不使用除汉语外的其他任何语种。因此，这种在清史研究中将蒙古和满族重新纳入视野的学术潮流，或许应该被称为'美国新清史'，因为这意味着美国学者开始重新亲近旧有的清史研究传统，并没有开创什么新的清史研究流派。"见《狄宇宙谈内亚史研究》，《殊方未远：古代中国的疆域、民族与认同》，第207—208页。

[①]　参见杨珍：《满文史料在清史研究中的局限》，《光明日报》2016年6月1日版；乌云毕力格：《清史研究岂能无视满文文献？》，《东方早报·上海书评》2016年6月19日版。

国"史，这对中国的清史研究自然具有批评和讽刺意义。试想大清王朝灭亡才百有余年，可满语早已基本失传，满语和满文文献研究也几成"绝学"，这不仅仅是中国学术的一段伤心史，也是让整个中华民族都感到十分悲哀的一件事情。今天的中国学者理当具备接受"新清史"家们批评的道德勇气，并对中国清史研究的历史和现状进行深刻的反思，进而对自己目前的研究做出及时的调整和改进。

值得指出的是，尽管"新清史"十分强调满文文献对于清史研究的重要性，但这并不表明"新清史"家们本身都是能够熟练地利用满文文献从事清史研究的语文学家。"新清史"的学术意义在于它为清史研究设计了一种新的学术进路，提出了一套新的解释方法，它的学术追求或在于要建构一种新的关于清史的宏大叙事，其意义属于意识形态层面。"新清史"学者中间没有任何一位能够像Fletcher先生一样，同时利用满文、蒙文和伊斯兰语文文献来从事清内亚研究，也没有任何一位是真正从事内亚文献研究的传统的语文学家。可以说，迄今为止"新清史"家们的学术成果和学术贡献绝对不在于他们发现和利用了哪些前人未曾利用过的新资料，提供了哪些人们以往不知道的有关清史的新知识，或者说他们通过对满文文献所作的扎实过硬的语文学研究纠正了哪些传统清史研究中的错误，这些或许本来就不是"新清史"家们所追求的学术目标。"新清史"积极主张要利用满文史料,这更多是要表明一种学术姿态,但他们自己并不见得一定能够身体力行。笔者翻阅了多部著名的"新清史"著作,查看其书后的征引文献目录,发现它们所利用的满文文献极其有限,其中有好几部甚至根本就没有利用过满文文献,让人怀疑它们的作者是否真的具备利用非汉文文献的能力。看起来,正如多位"新清史"的批评家们已经指出的那样,"新清史"的"宏大叙事"多半是建立在他人的二手著作的基础之上的。

总而言之,是否能够利用满文文献根本就不是区分一位清史学者是不是"新清史"家的必要标准,像 Nicola Di Cosmo和 Johan Elverskog 等有数的几位真正能够同时利用汉文、满文或者蒙文文献来研究清代内亚历史的欧美学者,他们不但不是"新清史"家,而且常常是站在批评"新清史"的立场上的。于2012年冬天在普林斯顿高等研究院召开的一次有关"新清史"的圆桌讨论会上,来自日本的清史和满学研究学者楠木贤道先生曾经打趣地说:"如果利用满文文献研究清史可以被称为'新清史'的话,那么我们日本江户时代的满学研究就是'新清史'了。"如前所述,日本从事清史研究的学者中有很大一部分承继的是中亚语文学的传统,潜心从事满文文献的整理和研究工作，但他们并不是"新清史"家。中国清史研究的主流确实是利用汉文文献来研究"清中国"的历史，但在此之外也还有不少专门从事满学和满族历史研究的学者，其中又以锡伯族、满族和蒙古族学者为主，他们的满文能力和满学研究水准远远超越西方的"新清史"学者，他们为整理、翻译满文档案和文献付出了巨大的劳动，为清史研究的进步做出了重大的贡献，他们的工作和学术成就理应得到中西方主流清史学界更多的承认和重视，而他们自然也不是"新清史"家。①事实上，中国学者大可不必对美国"新清史"学家们提出的重视满文文献的主张感到如此的敏感和脆弱，就利用满文文献而言，中国各

①　对此狄宇宙先生做了十分中肯的评论，他认为美国的"新清史"侧重的一个方面"是培养年轻一代清史学家使用汉语文文献以外其他语种文献的能力。美国年轻学者的视野由此得以打开，接触到了更为丰富的文献资料，进而拓宽了学术视野，构想出更多的学术课题，如满族社会史，又如清朝军事史、边疆史，这些课题的研究材料在非汉语文献中都非常丰富。从这个角度来说，我认为，接下来美国学者与中国学者将更为紧密、频繁地合作，因为满语、蒙古语档案正在源源不断地成批出版，中国学者已经开始利用这些文献了。"见《狄宇宙谈内亚史研究》，《殊方未远：古代中国的疆域、民族与认同》，第208页。值得一提的是，狄宇宙先生早在20世纪90年代初就已经开始了他今天依然提倡的中外学者就利用蒙文、满文文献研究蒙古史、清史开展合作的主张，他曾和中央民族大学的达力扎布教授合作翻译满文清理藩院档案，研究清代的满、蒙关系史，见Nicola di Cosmo and Dalizhabu Bao, *A Documentary History of Manchu-Mongol Relations (1616—1626)*, Leiden: E.J. Brill, 2003.

民族的学者们具有得天独厚的基础和便利，利用满文文献来推动清史研究具有十分美好的前景，关键就在于中国学者是否能够以积极和乐观的姿态来回应"新清史"的这个批评和挑战。

"新清史"对满文文献之价值的强调同时还引起了一场有关汉文文献之于清史研究的重要性的争论。传统清史研究的基础是清代的汉文文献，汉文文献对于清史研究的重要意

图5-9　多语言文献研究蒙古史、清史的代表作《1616—1626年满蒙关系档案史》，狄宇宙、达力扎布著

义是不言而喻的。即使是"新清史"家，他们强调满文文献之巨大价值的同时，并没有否认汉文文献的重要性，他们研究清史时所依赖和利用的史料最主要的从来都是清代的汉文文献。但是，在海外清史学界和中亚语文学界（特别是满、蒙学界），有一种说法流传颇广，也颇有影响，即是说与满文、蒙文和藏文文本相比较，与它们相对应的汉文文本中常常会出现不相一致的地方，常有窜改、增删和歪曲的现象出现，言下之意，汉

人官员／史家或从来就惯于窜改历史记载。这样的说法多半是出于无知和傲慢，事实上是非常经不起推敲的。这种怀疑或即源于后现代史学对任何文本之真实性的根深蒂固的怀疑，因为历史本身就是一个建构出来的东西（Geschichte ist Gegenstand der Konstruktion），也没有任何一个文本不是作者有意图地构建出来的，所以"史料即史学"。从这个角度来说，怀疑一个文本的历史真实性是有些道理的。但是，为何人们并不怀疑相应的满文、蒙文和藏文文本的真实性，却只对其中的汉文文本有这样深刻的怀疑呢？其实，只要对西藏和蒙古历史书写传统略有了解的人都知道，他们的历史书写完全是按照佛教史观对他们民族的历史作了十分彻底的改造和重构，传统的西藏和蒙古历史书写都是一部佛教如何改造西藏和蒙古的历史，所以连西藏、蒙古的祖先都变成了印度释迦王族的后裔，他们的国土又是观音、金刚手菩萨的化土，他们的政教合一的领袖则是菩萨的转世或者转轮王等等。显而易见，在遵循自己信仰的意识形态来建构自己民族的历史叙事这一点上，藏、蒙佛教史家应该说一点也不比汉地史家逊色，甚至可以说他们更在行、更先进和更彻底。

中国蒙古学、满学研究的优秀学者乌云毕力格教授曾经多次强调："史料在性质上分为'遗留性史料'与'记述性史料'，两种史料间的差异很大。所谓'遗留性史料',就是在其产生之初并无传承历史信息和历史知识之意图的材料,如考古遗存、档案文件等等。记述性史料则不同,在其诞生之初,便以记载、保留和传承历史为目的。"①可见,像档案文件等"遗留性史料"即使在今日之后现代史学的语境中也依然可以被认为是传统意义上的"史料",而"记述性史料"则大概必须被算作是一种历史"撰述"了。我想对史料做这样的两种分类,它既适用于满、蒙、藏文文献,也适用于汉文文献,我们今天研究历史时应该区别对待上述这两种不同类型的文献资料。但是,这并不是要求我们要严格地将汉文文献资料从满、蒙、藏文文献资料中区别开来,因为绝不是只有满、蒙、藏文资料才是可以当作真正具有史料价值的"遗留性资料",而汉文文献则一定是经过有意改造过的"记述性史料"。

今天我们所能见到的源出于清朝帝国时期的多语种文本数量巨大,其中有双语、三语,甚至四语、五语合体的文本,它们绝大部分都应该算作是"遗留性史料",并非经过史官整理或者有意识窜改过的文本。值得指出的是,这些不同语种的文本无疑都是在清宫廷中严格按照官定程序,由兼通多种语文的

① 语见乌云毕力格上揭文《清史研究岂能无视满文文献?》

官员十分准确地翻译、制作出来的，在这过程中大概很难有人能上下其手，对这些文本中的某个语种的文本做有意的窜改。像清廷公开发布的满、汉双语的诏令、文告，绝大部分都应该出自于满汉兼通的满族官员之手，其间根本没有作为被征服和被统治民族的汉人官员插手的机会。而且，汉人官员中满汉兼通的很少，而满族官员中则比比皆是。今天我们无法确定乾隆皇帝的《喇嘛说》最初是用哪种文字写成的，这四种文字的版本应该不可能都出自乾隆皇帝一人之手，但不管其中的哪个文字版本是乾隆亲撰的，它的其他三种语文的文本翻译无疑都应该尽可能准确地和乾隆亲撰的那个版本保持一致。如果说满文版是乾隆亲撰，而汉文版是汉人译史翻译的话，试想哪位译史敢于擅改同时精通汉文的乾隆皇帝御笔钦定的文本呢？当然，极有可能这个汉文版也是乾隆皇帝本人御笔钦定的，或者出自他手下哪位精通汉文的满大人之手。总之，因为汉文文本中个别语词的字面意义看似与其他文本略有不同，便怀疑汉文文本或已遭窜改和歪曲，从而贬低汉文文本的价值，这是完全没有道理的。当人们对同一个文本的不同语种的文本进行比较，并发现这些版本之间出现字面意义上的差异或者内容上的不同的时候，我们最好不要马上联想到有可能是中间的哪个文本，当然最可能是汉文文本，已经被有意地窜改过了。更可能的情形是，你以为在这两种或多种语文文本中出现的从今天的角度来看貌似字面意义不同的地方，其实它们在当时的语文和历史语境下并没有任何实际的不同，一个今天看来看似不一样的语词或概念，在它们当时各自的语文和历史语境下很有可能表达的是完全相同的意思。而要弄清它们之间的同与不同，体会同一词汇或者概念在各种文本中的细微差别（nuance），则正是我们提倡多语种文字文献之比较研究的目的和意义之所在。[①]令人遗憾的是，迄今为止在清史研究领域内还很少有人开展对多种语文文献的比较研究，却常常听人或明或暗地批评说：与

[①]　乌云毕力格教授2017年8月12日致笔者信中说："根据我的经验，满汉文本和蒙汉文本之间存在一些差异是实际存在的问题，这个主要是因为内地史学编纂形成了自己的话语表达系统，它对其他非汉文文献中的名词术语、固定表达等很多方面有其套语，比如可汗=皇帝，西北地方=朔漠，蒙古=夷、虏，退回原牧地=遁入巢穴，怀疑=狐疑，等等；此外一些关乎社会制度的名词，非常复杂，但翻译后失去原有的意思，比如清代蒙古的所谓奴隶，实际上是一种私属人口，译为奴隶不对，等等。但是把这个问题扩大化，说成两种文本完全是两回事儿，这肯定是不对的。"由于汉文之历史叙事和公文书写有着十分悠久的历史，形成了一个十分复杂和精致的书写传统，其中很多词汇和表达方式很难在蒙、藏、满等文字书写中找到完全对应的词汇，致使这些多语种的文本表面看起来似乎有一些不同之处，文字上无法一一对应。实际上，在兼通这几种文字的专家看来这些文字之表达方式上的不同只是表面的，其实际内容并无很大差别。而在多语种文本之间出现的这些文字表面的不同之处正是最值得历史学家、语文学家们花力气去做比较研究的内容，把它们简单地看作是汉人的故意窜改反而是一件非常不正确和不学术的事情。

满、蒙、藏文文本相比较，相应的汉文文本有如此这般的缺陷。不得不说，这样的说法是站不住脚的，它不是出于无知，就是出于偏见，或者歪曲。

欧立德先生曾经指出："从'新清史'的角度来看，这也是为什么只用满文档案的汉文翻译会不得要领。使用翻译过的满文档案并不等于使用满文档案，除非这些翻译出自你自己。这不只是因为翻译可能出错，更是因为没有一种翻译可以传达自己亲身阅读档案所得到的那种感觉。"[1] 笔者非常同意他的这种说法，不能阅读一个文本的原文，而仅仅依赖翻译，就如雾里观花，或者隔靴搔痒，是没法真正领会文本所透露的真实信息和微言大意的。但是，对于清代留下的双语或者多语的档案文献或者诏令、文诰类文本来说，它们与今人汉译的满文档案文献完全不是同一个概念，它们之中哪一个都不是一般意义上的翻译作品，所以不能仅从字面上来判断孰更准确、更可靠。读者必须仔细比对这些文本，把它们放回到清代当时的历史的和语言的语境中，比较、考察不同文本间的细微差别，只有这样才能真正读懂和利用这些双语或者多语文献。当然，对于那些汉语和满语都不是母语的"新清史"家们来说，广泛和准确地

---

① 欧立德：《满文档案与"新清史"》，第387页。

利用双语或者多语种的清代档案文献无疑比中国学者更具挑战性，希望他们能把对利用满文文献的那份重视、谨慎和敏感也用于他们对清代汉文文献的阅读和利用之中。

七

"新清史"于美国的出现和围绕"新清史"在中西学界发生的这场激烈争论，可以说是西方东方主义学术传统和它的话语霸权在东方产生巨大影响和强烈反弹的一个经典例子。"新清史"的学术视角和"新清史"家们对其学术研究之主题的选择，显现的是西方，特别是美国之主流学术和社会对中国的历史和现实问题的兴趣和关注，表达的是西方人自己对现实的关心和他们的学术诉求。于美国的历史和现实中，种族／民族之间的矛盾冲突一直是一个十分尖锐的问题，所以美国历史学家研究本国或者他国历史时，本能地会较多地关注民族之间的矛盾冲突，而较少地承认民族间的交流和融合。近一二十年来，种族（race）、性别（gender）和族裔性（ethnicity）是美国学术界最博人眼球的关键词，美国的清史研究当然也不可避免地要参与这些学术话语的建构和讨论。在这样的学术大背景下，以及在今天无处不在的"政治正确"的影响下，"新清史"家们的立场自然会站在相对弱小的民族一边，更乐意替他们发声、代言，只是他们似乎忘了他们力图要代言的满族于当时可是大清帝国的建立者和统治者，他们并不是弱小的一方，相反汉族则和蒙古、西藏和内亚穆斯林诸民族一样，都是在清朝统治之下的被征服了的弱势民族。此外，"新清史"也和西方近几十年来积极倡导的区域史研究有直接的关联，在全球史的视野中，就如蒙元帝国一样，清朝作为一个跨越欧亚的大帝国，其地区历史的意义完全超越了它在中国历史书写传统之"王朝更迭"模式中的作为中国的末代王朝之历史的意义。虽然不能说它和蒙古帝国一样，在世界历史上创立了一个"蒙古时代"，构建了近代世界之新秩序，但同样跨越欧亚的清朝帝国不但在中国内地重新建立起了新的统治秩序，而且还通过对内亚地区的扩张使得清中国的疆域得到了巨大的增长，严重改变了内亚的政治格局。

"新清史"家们继承了西方东方主义学术传统的一贯做法，有意无意间依然认为"东方"——在这个具体的实例中有时是指整个中国和内亚，有时是专指满族、蒙古、西藏和新疆伊斯兰民族等——是没有能力来表述（represent）他们自己的，他们的历史、现状、对外关系和身份认同等等，都必须由"新清史"家们来代替他们进行表述。可是，正如萨义德先生一再强调的那样，所有"表述"（或者"代表"，

representation）都有本质上的瑕疵，它们都太紧密地与世俗的东西，如权力、地位和利益等连结在一起。而任何将经验（experience）转变成表达（expression）的过程则都无法脱离污染。因为它涉及权力、地位和利益，它就已经而且必然受到污染，不管它是否是它们的牺牲品。[①]自然，"新清史"家们大概也难以打破萨义德所立下的上述这个魔咒。更为不幸的是，不管"新清史"的表述正确与否，不管它们书写的"新清史"是否与清代的历史相符合，也不管它们是否能为传统的清代历史叙事提供任何新的内容和知识，就因为东方主义，它们就可以凭借西方学术对于东方的长期的强势和主导地位，演变成一套强有力的学术话语，形成为针对中国学术的一种难以撼动和打破的话语霸权。

由于中国学术界长期以来习惯于仰视西方学术的权威，故即使到了眼下这个大国崛起、学术振兴的新时代，中国的学者们依然还会顺着惯性，继续仰望着西方学术虚空中不断显现的新星，对他们的学术著作充满了不切实际的幻想和过高的期待。而当这种热忱的幻想和期待遭到无情的破灭时，他们便

---

① Edward W. Said, *Humanism and Democratic Criticism*, New York: Columbia University, 2004, p. 48.

很容易因爱生嗔，恼羞成怒，将难抑的悲愤很快转换成猛烈的反击，以致完全忘记了学术应该保持的理性和尊严。中国学界对"新清史"投入如此之多的关注，这一定是那些"新清史"家们自己始料未及的，但这或也正是他们最乐于见到的现象。1990年代冒尖的"新清史"之所以到今天才反而成了一个越来越有影响力的学术流派，中国学者对它投注的热情和对它所作的各种学术的和非学术的批评实在居功至伟。从这个角度来说，正是中国学者的努力才使"新清史"家们在他们自己的学术地盘内获得了本来他们并未预计到的学术地位和影响。当然，令人不得不感叹的是，毕竟时代不同了，在仰视西方之星空的同时，中国学者至少已经无法容忍继续处于被代言的状态，他们迫切需要夺取属于他们自己的"话语权"，需要西方人静下来听听他们自己对自己的表述。可惜，"话语"这东西并不是任何人可以通过外在的强力从他人手中任意夺取过来的一个权力，虽然中国学者大部分已经接受过对西方学术之东方主义和后殖民主义文化、思想之批判的洗礼，但他们还有自己一时克服不了的短板，即他们还不知道该用什么样的语言和方式来向西方的学术同行们正确地表述他们自己，与别人形成一种理性的、宽容的和有建设意义的对话，从而建构出一套或可由中国人自己积极主导，但别人至少也能听得进去，并愿意与之做进一步对话的"学术话语"。今日之中国学界非常渴望能尽快地与西方进行学术上的国际接轨,但是如何来实现这种接轨,则颇费思量,至今似也无十分成功的先例,大家或可以从这场关于"新清史"的讨论中吸取具有启发意义的经验和教训。

但愿"新清史"将是西方学术的东方主义潮流和话语霸权严重侵袭和冲击中国学术的最后一场疯狂(the last bout of insanity)。当中国足够强大,中国的政治和学术都具备足够的自信时,西方东方主义学术传统的话语霸权就再难如此专横地作用于东方,它必然会在东方学术的觉醒和理性面前灰飞烟灭,取而代之的将一定是东西之间平等、理性的学术对话。中国学者眼下或已大可不必继续如此情绪化地去质疑西方"新清史"研究的政治立场和学术动机,也无须再对"新清史"学术之枝节末流和错漏谬误耿耿于怀了。大家倒不如拿出足够的勇气和恢弘的气度,甚至可以拿出今天我们中国人的"大国风范",坦然接受别人对中国清史研究的批评和挑战,深刻反思自身之不足和缺陷,然后扬长避短,重新启航。清史研究不管新旧,都必须在充分利用汉文文献的同时,尽可能多地发掘和利用满文、蒙文、藏文和伊斯兰民族语文文献,以拓展清史研究者们的学术领域和研究视野,对涵盖中原和内亚的清代中国历史进行更深入、更广泛的研究，并对清代历史于中国历史和世界历史上的特别的和重要的意义做出新的、更有启发意义的诠释，最终发展出属于中国学者们自己的、崭新的清史研究。

附录

虞集和他的蒙古君主
——作为辩护者的学者

兰德彰（John D. Langlois, Jr） 著　沈卫荣　译*

　　汉族士大夫虞集（1271—1348）的官宦生涯，前后经历了最后九位中国的蒙古统治者的全部或部分统治时期。他的意义大概不仅仅是那些刊集于《道园学古录》中的高质量的诗文，[①]

　　* 本文 "Yü Chi and His Mongol Sovereign: The Scholar as Apologist" 揭载于《亚洲研究杂志》（*Journal of Asian Studies*），Vol. XXXVIII, No. 1, November 1978, pp. 99–116。本译文初译于1984年，刊于内部流通的《元史研究通讯》，几乎没有流传。也多亏没有流传，今天看来译文极其拙劣，问题很多。但译过之后，对文章的内容印象非常深刻，这么多年来一直难以忘却。于是在三十年后重新整理（重译）这份旧稿，愿以此与更多读者共享，希望有助于我们对"大元史"的理解。

　　我谨向对本文初稿的部分内容提供了有益评论的包弼德（Peter Bol）、劳延煊、牟复礼（F. W. Mote）、罗沙比（Morris Rossabi）、孙克宽和Stephen West表示感谢。

　　① 现存有两个相当便利的版本：《四部备要》本和《四部丛刊》本，二者内容一致。本文引注的是《四部丛刊》本。在前近代时代，（转下页）

图附-1　虞集（1271—1348）

对其一生经历的研究也同样很有价值，因为它能够告诉我们隐藏在汉族士大夫对14世纪中国之外来统治者的支持背后的象征性的和实质上的原因。

蒙古人在中国建立了一个"征服王朝"，他们差不多把中国当作了殖民地来统治。种族的或者族群的区分体现在官方的政策和律法之中，汉人整体上被排除在实际权力和权威位置之外。然而，众所周知，大量汉族士人却十分投入地为他们的蒙古征服者服务，这给我们留下了这个有意思的问题：为什么那些士大夫会选择在他们的征服者的政府中供职。

要领会隐藏在汉人适应背后的原因，个案的研究十分关键。我们需要有关特定的统治者、有关他们如何登上权位和他们对政治和对汉人的事情的理解等方面的资料。我们也需要有关那些为蒙古人服务的作为个人的士大夫的资料——他们的思

（接上页）虞集的作品有很多的版本。参见《钦定四库全书总目提要》卷一六七，台北艺文版，第三次印刷，1969年，23a—24b页。

想动机、生涯模式和背景等等。

在我们考虑中的这个时段内，蒙古军事力量这个事实是最至关重要的。对蒙古霸权的直接抵抗在王朝后期他们的军事力量开始崩溃以前是根本办不到的。而且，总的来说，蒙古人并没有被认为是天子之帝位的不合法的占有者。很少有证据表明当时的汉人将蒙古人视为"外人"，并因为他们"不是汉人"的缘故而认为他们没有资格统治这个帝国。这样，出于现实的和观念的这两个方面的原因，适应便成为士大夫阶层的日常事务了。

迄今为止，对供职于元代中后期的汉族士大夫的研究为数不多。牟复礼（Frederick W. Mote）和何惠鉴曾经研究过那些拒绝［为蒙古人］服务的士人和官僚，[1]陈学霖和罗依果（Igor de Rachewiltz）讨论过早期元朝统治者的汉人或者汉化了的臣仆们。[2]在对14世纪士人的研究中，孙克宽的著作颇为突出。

[1] 牟复礼：《元代儒士的隐逸》（Confucian Eremitism in the Yuan Period），收入芮沃寿（Arthur F. Wright）编：《儒家信念》（The Confucian Persuasion），斯坦福大学出版社，1960年，第202—240页；何惠鉴：《蒙古统治下的汉人》（Chinese under the Mongols），收入Sherman Lee、何惠鉴编：《蒙古统治下的汉人艺术：元代（1279—1368）》（Chinese Art under the Mongols: The Yuan Dynasty (1279—1368)），克利夫兰艺术博物馆（Cleveland Museum of Art），1968年，第73—112页。
[2] 罗依果：《耶律楚材（1189—1243）：佛教理想主义者和儒家国相》（Yeh-lv Ch'u-ts'ai (1189—1243): Buddhist Idealist and Confucian Statesman），收入芮沃寿（Arthcr Frederick Wright）、杜希德（Denis Twitchertt）（转下页）

孙在他最近对浙江省的士人的研究中指出，那些为蒙古人服务的士人们出于一种大致与现代民族主义相类似的献身精神成功地保护了汉族文化免受蒙古统治的影响，并培育了儒家学说。①

本文笔者将集中于虞集对图帖睦尔的服务，尽管虞集也曾为其他蒙古皇帝服务，但他为图帖睦尔的工作可以详细地考察，他对可汗的服务的价值也可以被估定。一旦作出了这样的估定，笔者将探究有关虞集为蒙古统治者服务之动机的种种假设。

士大夫虞集

14世纪20年代虞集达到了其官宦生涯中最辉煌的时期。在元代与虞集一样著名的士人、宋代文豪欧阳修之裔孙欧阳玄（1282—1357）曾经做过如此的观察："一时宗庙朝廷之册典、公卿大夫之碑板咸出公手。"②欧阳玄和虞集二人合起来代表了

（接上页）编：《儒家名人录》（*Confucian Personalities*），斯坦福大学出版社，1962年，第189—216页；陈学霖：《刘秉忠（1216—1274）：忽必烈汗宫廷中的一位佛教—道教国相》（Liu Ping-chung (1216—1274): A Buddhist-Taoist Statesman at the Court of Khubilai Khan），刊《通报》（*T'oung Pao*），53，Nos. I–3，1967年，第98—146页。

① 孙克宽：《元代金华学述》，台中，1976年。

① 欧阳玄：《道园学古录·序》，《道园学古录》，2a—3a 叶。

那些以长期热心为蒙古政权服务为特点的处在蒙古统治之下的士人们的生活面。

一开始就很惹人注目的是：虞集作为一位宋代抗击女真的英雄的后裔，竟成了一位胜利的蒙古侵略者的热烈且持久的支持者。年近七十时的虞集曾在他给一位来自江西、正出发远程去山东孔庙的朋友的诗中提到了他为［蒙古君主服务］的一个重要原因：蒙古人重新统一了中国。这使"观夫徂徕之松、新甫之柏"成为了可能。"视前代分裂隔乱之世，欲往而不可得"，故"其游岂不快哉？"[①]这一设问表明：对于许多汉人，特别是对因女真占领而与北方长期隔绝了的南人来说，蒙古统治随之给他们带来了游历北方的值得珍惜的自由。很明显，至少对于虞集来说，有机会宦游北方本身的重要性是统治者的非汉人性所无法使之黯然失色的。

但是，那是后见之明，是一位已经为蒙古人服务了四十年之后的人说的话。虞集的官宦生涯开始于1297年，是年他离开原籍江西而出仕大都路儒学教授。[②]1307年，入国子监。元

[①]　《道园学古录》卷三二，6b叶。

[②]　虞集的传记资料见于《元史》（中华书局1976年版），卷一八一，第4174—4182页；赵汸：《东山存稿》（《四库全书》本），卷六；欧阳玄：《圭斋集》（《四部丛刊》本），卷九《虞雍公神道碑》，23a—34a叶；孙克宽：《元虞集与南方道教》，《大陆杂志》53卷6期，1976年，第243—254页。

武宗海山在位期间（1308—1311），他一直蹈袭旧职。海山在位期间，看起来他对海山本人没有多大影响，但与皇储、海山之弟爱育黎拔力八达却过从甚密。

爱育黎拔力八达在位期间（1311—1320），蒙古对传统的儒学机构和经论的宽容和支持有所增强。科举制度得以复兴。几部重要的汉文政治伦常典籍，包括《大学衍义》《贞观政要》和《资治通鉴》等，或全部或部分地被译成了蒙文。[1]朝廷赞助出版、发行了诸如《孝经》和唐代学者罗成所作之《春秋编年史研究》及农书《农桑辑要》等汉文著作。[2]

虞集于海山统治时期的1311年取得了第一个官品（正八品），并获赐荣衔。在爱育黎拔力八达统治期间，他的官品持续上升、对他供职汗廷所得的象征性的酬劳也增加了。1317年，虞集迁集贤修撰，正六品，主大都路乡试。因服其父母之忧，虞集于硕德八剌统治的大部分时间（1320—1323）脱离官职。然而，硕德八剌的继承者也孙铁穆尔俾其重回官场，职位

---

[1] 《元史》卷二四至二六《仁宗本纪》。

[2] 《农桑辑要》在硕德八剌、图帖睦尔和妥懽贴睦尔在位期间被再次重印。参见天野元之助的词条，《亚细亚历史辞典》（10卷，东京：平凡社，1959—1962年，第八次印刷，1975年），VII，第303页；以及他的论文《关于元司农司〈农桑辑要〉》（元、司農司撰『農桑輯要』について），《東方学》，30辑（1965），第50—67页。

升迁甚速。1323年，中进士，后拜国子监司业，正五品。1325年从天子幸上都，讲习儒家经典。[1]这种称之为"经筵"的讲习于1323年的复兴，表明了蒙古统治者为了强化他们的特权而对汉文化象征符号的巧妙操控。虞集是这种努力的一个自愿的和积极的参与者，完全不顾其恩主是通过谋杀正在位的硕德八剌而夺取了政权这一事实。

　　虞集的努力得到荣显的任命为回报，1327年迁翰林直学士，[2]知制诰，[3]同修国史。[4]另外他又是一名"经筵官"，[5]又进一阶文散官。[6]最后，在大动乱之前的1328年，被擢为国子监祭酒、[7]从三品。[8]

---

[1]　参见宫崎市定撰"经筵"词条，《亚细亚历史辞典》，III，第91页；有关宋代经筵制度的相关讨论也见于郝若贝（Robert Hartwell）:《十一、十二世纪中国的历史类比、公共政策和社会科学》（Historical Analogism, Public Policy, and Social Science in Eleventh- and Twelfth-Century China），刊《美国历史评论》（American Historical Review），76, No. 3, 1971, pp.690–727。

[2]　直学士。

[3]　知制诰。

[4]　同修国史。

[5]　经筵官。

[6]　依然是正五品，但在四十二阶位等级中进了一阶。

[7]　祭酒，有时被译为"libationer"。

[8]　《元史》重要章节的英译见 Paul Ratchnevsky, *Un code des Yuan*, 2 vols (Paris: E. Leroux, 1937, 1973), II, pp. 22–26。

作为经筵官，[①]虞集面临通过译者向可汗解释经义的问题。虞集不通蒙文，也孙铁穆尔或许也基本不识汉文，正如他的官方传记所说：

> 润译之际，患夫陈圣学者未易于尽其要，指时务者尤难于极其情，每选一时精于其学者为之，犹数日乃成一篇，集为反覆古今名物之辨以通之，然后得其无忤，其辞之所达，万不及一，则未尝不退而窃叹焉。[②]

很明显，虞集相信，或者至少是希望，他的讲授能给帝国的统治贡献一点正面的东西，因为他煞费苦心地要在贮藏于一个特制的箱子内的牢固的纸上保全一个有关它们的官方记录。[③]然而，他对经筵之效力的自信严重不足，他承认："所虑者，言不足以达圣贤之旨，诚不足以感神明之通。"[④]

---

① 包括虞集在内的一个于1328年被任命为经筵官的十人名单见于《元史》卷三〇，第685—686页。
② 《元史》卷一八一，第4177—4178页。
③ 虞集于1328年1月13日撰短文纪念这一事件，见《道园学古录》卷一一《书赵学士简经筵奏议后》，10b—11b叶。这篇短文也见于苏天爵编：《国朝文类》卷三九，13a—15a叶。
④ 《道园学古录》卷一一《书赵学士简经筵奏议后》，11b叶。

1328年与1329年图帖睦尔登基

当也孙铁穆尔于1328年8月驾崩时，他将皇位留给了他的第四子、钦定的皇太子阿剌吉八。年仅九岁的男孩，阿剌吉八10月于上都夏宫登基，改元天顺。当也孙铁穆尔的死讯一披露，海山的两个儿子的支持者们就开始谋划。他们是图帖睦尔和其兄和世瓎。正如对这次叛乱的一个晚近的研究所显示的那样，是钦察人燕铁木儿策划和实施了这场反对阿剌吉八的政变。[1]海山的儿子图帖睦尔长成于中原汉地，他被从其居住地江陵（湖北南部长江边）紧急召至大都（今北京）。10月16日，他登上皇位，改元天历。海山的另一个儿子和世瓎，年长图帖睦尔四岁，这时正在接近中亚腹地巴尔喀什湖的蒙古草原上。忠于他的那一伙追随者积极地支持他候选王位，正簇拥他东归。1329年4月27日，于东归途中，和世瓎登上了皇位。于是，图帖睦尔为了和世瓎而退位，给出的理由是汉式的兄弟间的谦让，当更可能是实际的政治考量左右了图帖

---

[1]　参见John W. Dardess,《征服者和儒士：元末政治变化面面观》（*Conquerors and Confucians: Aspects of Political Changes in Late Yuan China*），纽约、伦敦：哥伦比亚大学出版社，1973年，第二章"1328年的复位事件"（The Restoration of 1328）。

睦尔的算计。

图帖睦尔退位时，燕铁木儿已经完全控制了大都。如此，其阵营根本不担心其对手基于中原的资源。上都同样也构不成威胁，因为在前几个月内，阿剌吉八与他的支持者已或者被杀或者被逐。当图帖睦尔退位时，这已经纯粹是一个象征性的动作了。燕铁木儿正在等待时机，等待其猎物掉入他的圈套。图帖睦尔被命名为皇太子作为他退位的补偿。和世㻋缓缓地向上都行进，看起来像是要进入并占领大都。燕铁木儿和图帖睦尔出发往草原迎接即将到达的圣驾。紧接着的三个月时间内，互相敌对、但表面上友善的兄弟俩越走越近。最终于 8 月 26 日，图帖睦尔在接近今内蒙古多伦的一个名为汪忽察都的地方进入了他兄长的营帐。[①] 为欢迎皇太子的来访举行了一次宴会。四天后，和世㻋驾崩，时年二十九岁。

于是，图帖睦尔与燕铁木儿匆忙赶往上都，9 月 8 日，图帖睦尔于此再度登基。在他夺位过程中，图帖睦尔违背了一系列习俗。他无视传统的蒙古大会选汗制度。他推翻了已故

---

① 关于这个地名和和世㻋行程中的其他地名，参见伯希和（Paul Pelliot）:《马可波罗游记注》(Notes on Marco Polo), 3 vols. Paris: Imprimerie Nationale, 1959, 1967, 1973, I, p. 322. 关于这个地名的地望，参见青山定雄：《中国历代地名要览》，东京，1933 年；重印本，台北，1975 年，第 708 页。多伦处于定居中原和草原的边境，在滦河的南边。

统治者指定的皇储，他还给予了谋杀他兄长的凶手以优厚的报赏。为了弥补他在正统名分上的缺陷，图帖睦尔朝廷发动了一场大规模的舆论宣传活动，旨在创造出一种合法的光环。这种努力的核心就是声称也孙铁穆尔是海山之合法继承顺序中的一位非法的入侵者。图帖睦尔企图表明，从根本来说，正常的皇位继承原则使得那些不是忽必烈至其孙子答尔麻八剌的直系后裔无权继承皇位。当然，在这一案例中一切都以军事力量为转移。但是，图帖睦尔，由于他的汉文化背景，而且由于他的权力主要依靠驻扎在汉地的军队，故察觉了并试图享用那些完全是汉人独有的正统名分的观念的和象征性的资源的福利。

要使这场宣传活动生效，对皇帝来说，得到主流汉族士大夫的服务是必需的。只有这些士大夫才懂得如何最有效地操纵汉人正统观念的言语偶像（权威说法）。图帖睦尔召集了几位士人去完成这项任务。虞集便是其中之一。虞集曾十分忠诚而且出色地服务于先前的几个皇帝，当然也包括也孙铁穆尔，至此又与图帖睦尔的事业紧密地联结在一起了。

可汗与士大夫

如是，图帖睦尔合法化其抢班夺权的努力要求不仅要证

279

明阿剌吉八的垮台是合理的，而且还要掩盖他自己兄长的被清除。对其合法化努力之前一部分的合理解释已予以说明，即宣称图帖睦尔在一场正义的战争中"重建"了海山一系的皇位继承权。然其努力的后一部分无法自圆其说，故它被掩蔽起来了。新皇帝仅宣称他是一个尊敬兄长的人，他在适当的时间已经逊位给他的兄长了。除了亟待克服这两个困难以外，新皇帝还清楚地看到：在我们或可称为文化战线的领域内采取大胆的行动或将对他的这场战役大有帮助。为了所有他的这些努力，这位皇帝寻求士人虞集的帮助。

1321年，图帖睦尔还是诸王时，就已认识虞集，当时他住在建康（今南京）。[①]他对虞集的才华颇为欣赏，显然，在政变前的许多年间，他时不时地会听到有关虞集的报告。政变发生时，虞集是大都没有前途的倒霉经筵官。图帖睦尔登基后不久，即命虞集草拟即位诏，俾任旧职。后来，当图帖睦尔还被认为是和世㻋的皇储时，他在虞集帮助下建立了一个新的学术机构，称为"奎章阁"。1329年，当图帖睦尔再次登基称帝时，虞集起草了朝廷诏书。

---

① 吉川幸次郎:《元代的文学》，收入《吉川幸次郎全集》，东京，1969年，第15卷，第257页。他后来被迁往江陵。

图附-2 孛儿只斤·图帖睦尔（元文宗，1304—1332）

虞集起草的这份诏书①是一个以兄仁弟悌和汉族伦理的光鲜的外表来粉饰兄弟之间、图帖睦尔与阿剌吉八支持者之间发生的残酷的权力争斗的极好典型。第一次登基诏令列要点如下：②

1．"世祖皇帝混一海宇，爰立定制，以一统绪。宗亲各授

①　它们也见于《国朝文类》，后者于1334年在文宗身后被诋毁之前刊布。见《国朝文类》卷九《即位改元诏》《即位诏》《亲祀南郊赦》《即位诏》，15a—19a页。这几封诏书没有被编入虞集的全集中。

②　原文见于《国朝文类》卷九《即位改元诏》，16b页。（此诏实际在15a—16a页。）

分地，勿敢妄生觊觎，此不易之成规、万世之共守者也。"

2. "世祖皇帝之后，成宗皇帝、武宗皇帝、仁宗皇帝、英宗皇帝，以公天下之心，以次相传。"

3. "至于晋邸……与贼臣帖失、也先帖木儿等潜通阴谋，冒干宝位，使英皇不幸罹于大故。"

4. 在也孙铁穆尔统治六年中，"朕兄弟播越南北，备历艰险。"（二人皆被外贬，一出海南，一入中亚。）

5. 也孙铁穆尔"权臣倒剌沙、乌伯都剌等专擅自用，疏远勋旧，废弃忠良，变乱祖宗法度，空府库以私其党类。"

6. "宗王大臣以宗社之重、统绪之正，协谋推戴，属于眇躬。"

7. "朕以菲德、宜俟大兄，固让再三，宗戚将相、百僚耆老以为神器不可以久虚、天下不可以无主，周王辽隔朔漠，民庶遑遑已及三月，诚恳迫切，朕姑从其请，谨俟大兄之至，以遂朕固让之心。"

8. "致和元年九月十三日，即皇帝位于大明殿，其以致和元年为天历元年，可大赦天下。"

9. "于戏！朕岂有意于天下哉！重念祖宗开创之艰，恐隳大业，是以勉徇舆情，尚赖中外文武臣僚，协心相予，辑宁亿兆，以成治功。"

在这份诏令中，虞集已有效地描绘了图帖睦尔继位的正统版本。而于一年之后皇帝再次登基时的诏令中，这条官方的路线得到了进一步的精心描绘。在后一份文书中，也孙铁穆尔的罪责得到了严厉的谴责："晋邸违盟构逆，据有神器，天示遣告，竟陨厥身。"①接着又说，也孙铁穆尔死后，"宗戚旧臣，协谋以举义，正名以讨罪，揆诸统绪，属在眇躬。"而图帖睦尔却谦恭地拒绝接受这份责任：因"念大兄播迁朔漠，以贤以长，历数宜归，力拒群言，至于再四。"②

接着，这份颁发于1329年的诏书重溯了图帖睦尔再次登基的历史：

"（图帖睦尔奉皇帝宝玺，远迓于途，北迎大驾于东归大都之途，）八月一日，大驾次王忽察都，朕欣瞻对之有期，独兼程而先进。相见之顷，悲喜交集，何数日之间而宫车弗驾，何国家多难遽至于斯。"③

虞集就是如此描述和世㻋之覆亡的。紧接着，此诏书记载了图帖睦尔很不情愿地应允重主神器，九月三日即皇帝位于上

---

①　同上。（引文实见于《国朝文类》卷九《即位诏（天历二年八月十五日）》，16b页。）

②　同上。（引文实见于《国朝文类》卷九《即位诏（天历二年八月十五日）》，16b页。）

③　《国朝文类》卷九，17a页。

都。最后，虞集昭示了一个严肃的诫谕：

"于戏！勘定之余，莫急乎与民休息；丕变之道，莫大乎使民知义。亦惟尔中外大小之臣，各究乃心，以称朕意。"①

奎章阁

虞集充当粉饰皇帝形象的角色并不止于起草这两个诏令而已。甚至在图帖睦尔再次继位之前，这位可汗已经在蒙古人所利用的政治合法化手段上为他的最重要的创新奠定了基础。这就是奎章阁的建立。奎章阁取名于二十八宿之一的奎宿。奎宿传统上被定义为担负主管文学的职责，它在天空中由十六颗星的一个星群组成，被认为"奎星屈曲相钩，似文字之划。"因古书有云"奎主文章"②，故此馆被命名为"奎章阁"。此阁建成于1329年3月27日。③当时图帖睦尔名义上是法定的皇储，故奎章阁被正式隶属于"东宫"，即皇太子的宫殿。奎章阁的二位首领（大学士）分别是畏兀儿人忽都鲁都儿迷失和汪古人

---

① 《国朝文类》卷九，17b页。

② 这些文字源出于纬书《孝经援神契》，为魏时宋均所注。这部书后来佚失，在明代被部分重构。但是，这里所引这些文字的一个段落被收录于唐代士人 徐坚（卒于729年）的《初学记》（1597—1598年编），21:12b页。

③ 屠寄:《蒙兀儿史记》（台北重印本，1962年）卷一五，8b页。

赵世延，被授予正三品官衔。①他们之下的两个侍读学士即是
皇帝宠信的使臣，他们是撒迪（Sa-di）②和虞集。

这三位中亚人均通多种语言。忽都鲁都儿迷失和赵世廷
是出色的汉学通。前者曾把《大学衍义》翻译成蒙古文，并于
1317年进呈给爱育黎拔力八达可汗。③赵世廷则是累世重臣，
自忽必烈朝起，就服务于蒙古统治者。他的女儿嫁给了汉族士
人许有壬（1315年的进士），④后者将在元朝最后一个可汗妥
懽贴睦尔统治时期变得十分显赫。有关撒迪的背景我们所知甚
少，只知道在和世㻋遭暗杀前，他曾充当过图帖睦尔与他兄长

---

① 关于忽都鲁都儿迷失见《新元史》（天津，1922年）卷一九二，
10b—11a页。关于这些名字的转写参见柯立甫（Francis W. Cleaves）:《柯
九思的官词十五首》（The 'Fifteen "Palace Poems"' by K'o Chiu-ssu），刊
《哈佛亚洲研究学报》（*Harvard Journal of Asiatic Studies*），20，1957，第
432页。

② 这个名字见 P. Ratchnevsky, *Un code des Yuan*, II, p. 34, n. 1.

③ 《元史》卷二六，第578页；《道园学古录》卷七，1a页。这部著作
较早时也曾被翻译。海山据说很重视它。《元史》卷二四，第536页。也孙
铁穆尔据说曾听过此书的经筵讲座。《元史》卷二九，第644页。

④ 见陈旅:《安雅堂集》（《四库全书珍本二集》本）卷一一，《故
鲁郡夫人赵氏墓志铭》，17b—20a页。许有壬见《元史》卷一八二，第
4199—4203页，以及达德斯（Dardess）:《征服者与儒学：元朝后期政治演
进面面观》（*Conquerors and Confucians. Aspects of Political Change in Late
Yüan China*），第62—63、75—76页；赵世延传见于《元史》卷一八〇，第
4163—4167页。

之间的中介人这样一个受宠信的角色。[1]

图帖睦尔再次登基之后，奎章阁急速重组和它的扩张的速度表明，皇帝与他的支持者们把它当作一个［可赢得］名望与正统名分的有价值的资源。图帖睦尔重登大位后才三天，奎章阁大学士的品级就从正三品升到正二品，几天之后，在奎章阁辖下又建立了"艺文监"。[2]奎章阁拥有自己的藏书处和刻印馆，也是珍藏帝国收集的玉器、国画、书法和古董的地方。书画专家受命供职于艺文监，负责艺术品的鉴定与估价。这些鉴赏家们常常持有奎章阁玺去鉴定帝国珍藏品中的书画。[3]除这些文学和工艺人员外，奎章阁还住着经筵官，以及一批译史。[4]

---

① 《元史》卷一三八，《燕铁木儿传》，第3331页；《元史》卷三二，第723页。

② 《元史》卷三三，第739页；此外，奎章阁的名称还被扩展为奎章阁学士院。艺文监之太监为正三品（秩从三品）。其职责包括将儒书翻译成蒙古文。见《元史》卷八八，第2223页。对"艺文监"这个称号的英文翻译，我遵照 David Farquhar 的 "Structure and Function in the Yuan Imperial Government"，该文准备出版中。

③ 见 David Farquhar, "Seals and Ciphers of the Yuan Period", in *Monumenta Serica*（《华裔学志》），25, 1966, pp.362—393, 特别是 pp.383—384。也见陶宗仪：《辍耕录》（1963年台北重印版）卷二，第44页，这里注明奎章阁鉴赏家所用的两方印文的书法是虞集写的。吉川幸次郎对已知奎章阁的字、画做了总结，见其《全集》，XV，第255—256页。

④ 《元史》卷八八，第2223页；Ratchnevsky, *Un code des Yuan*, II. p. 34.

　　按照杭州士人杨瑀（1285—1361）的描述，[1]奎章阁的建筑包括三个主干部分，于宫廷基面沿南北轴心而建。[2]御座坐北朝南。御室排列着昂贵的古董，其中为几位向可汗讲习经筵的侍读学士设立了专座。一百十三名官员供职于奎章阁的各个机构。[3]他们都享有佩戴一种特制腰带的特权，腰带上有一象牙色匾额，上面刻有可汗图帖睦尔手书的三种不同字体的"奎章阁"字样。这三种字体分别是汉字印文、畏兀儿字和八思巴蒙古字。汉字印文单独一面，八思巴字和畏兀儿字则在它的反面。[4]

　　奎章阁的中心职责是把汉文典籍翻译成蒙古文，其不少任务都与把高等的儒家文化传入蒙古帝国体制中有关。除了通过

---

　　① 杨瑀：《山居新话》（《知不足斋丛书》本），22b—25a，它已被傅海博（Herbert Franke）翻译成了德文，*Das Shan-ku sin-hua des Yang Yu* (Wiesbaden: F. Steiner, 1956), pp. 77—79. 杨瑀对奎章阁的评论被陶宗仪近乎一字不差地照录了，见《辍耕录》卷二，第44—45页。

　　② 虞集写的这块纪念碑文题为"奎章阁记"，刻的是图帖睦尔的手迹，叙述奎章阁是在一座现存的宫殿建筑的基础上建造的，改建的工程十分简单，通风的门和书架是仅有的两大主要添加物。碑文见于《道园学古录》卷二二，《奎章阁记》，9a—9b页。

　　③ 《山居新话》，22b—25a页。《元史》中仅仅列出了95个职位。见《元史》卷八八，第2223页。这个段落的英译文见柯立甫：柯九思的官词十五首》，465页，注136。

　　④ 《山居新话》，22b—23b页。

经筵作为媒介向可汗灌输儒家思想之外，他们的任务还包括对达官贵人和帝国怯薛之子孙的教育、谥号的授予、御用文学和工艺职业的培养等等，总而言之，即是一个精心策划的文明的"外表"的实施。[①]

《经世大典》

在奎章阁的其他职责中，《皇朝经世大典》的编纂取得了巨大的成就。编纂汉文《经世大典》是一项巨大的工程，由几十名汉族士人承担，旨在编写一部与唐、宋会要相类似的官方文件和法律文献汇编，《经世大典》最终竟长达800卷，用了三年时间完成，这是有关元代制度的一部巨大的百科全书。

很明显，图帖睦尔把《经世大典》的编纂看作一项严肃和迫切的任务。重新登基之后，他与他的追随者立刻赶回大都，于1329年10月6日回到那里。7日早晨，可汗即下令奎章学士协同翰林国史院学士一起开始进行《经世大典》的编纂工作。[②]1330年1月23日，农历新年那天，又颁布了更为具体

[①] 这些职责在吉川幸次郎的书中被总结了，见其《全集》，XV，第253—255页。

[②] 《元史》卷三三，第740—741页；Ratchnevsky, *Un code des Yuan*, I, p. xx.

的诏令，当时赵世廷和赵世安被授命主持这部大典的编纂工作。① 是年第二月，图帖睦尔命奎章阁学士们单独承担编纂这部大典的职责。国史院显然承担了其他的职责。② 为了编修这部大典，国家档案被翻译成汉文。赵世廷和虞集将分别担任编纂和协同编纂者，而为图帖睦尔的政变提供了关键的军事支持的燕铁木儿则被授命总管整个工程。30 名士人被招募来专务缮抄工作。这项工程的开销以国库发行的货币票据形式支付。③

渴望迅速完成这项工程，这位可汗甚至准备打破传统，允许参加这项工程的汉族士大夫们查阅蒙古国书——《脱卜赤颜》，而按照惯例汉族士人是禁止接触这些国书的。奎章阁学士请求允许他们查阅记述有关自成吉思汗以来诸蒙古君主之史实的著作。图帖睦尔开始同意了他们的请求，但当一些蒙古元老警告他宫廷秘密或将泄露时（《脱卜赤颜》非令外人传者），

----

① 这个日期也是新年号至顺的第一天。《元史》卷三四，第 749 页。赵世廷是北方河北人，从女真金朝开始，其家族就出现了许多著名的官员。见屠寄:《蒙兀儿史记》卷六〇，1b 页；也见柯立甫:《柯九思的官词十五首》，第 298—299 页。

② 在这个时候，这位可汗正催促国史院加快宋、辽、金等王朝之正史的编纂。见《元史》卷一八一，第 4179 页，第 2—3 行。

③ 《元史》卷三四，第 751 页；Ratchnevsky, *Un code des Yuan*, I, p. xx；虞集:《道园学古录》卷五，《经世大典序录》，17a—18b 页。

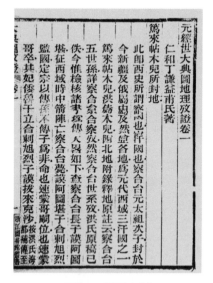

图附-3 《经世大典》

他俄而又自食其言。①

不过，于1332年，皇帝答应了撒迪的请求，将包括图帖睦尔"逊让"其兄长的《脱卜赤颜》的一部续编保存在奎章阁的图书馆内。②

1330年，赵世廷致仕，虞集成了《经世大典》的总编纂。③这样，他就必须更直接地与这项工程的总体政治和道统目的，即为图帖睦尔袭位辩护，紧密地联系在一起了。从表面来看，《经世大典》被授命按照其他朝代的先例来编纂。它被看作是皇朝最重要的档案文献的仓库。事实上，这项巨大的工程确实也准确地行使了这一职能。但是，在大量投资背后它

① 《元史》卷三五，第784页。也见《元史》卷一八一，《虞集传》，第4179页，第4行。

② 《元史》卷三六，第803页；吉川幸次郎：《全集》，XV，第254页。

③ 《元史》卷一八一，第10a页。不过，燕铁木儿依然是这个工程的总主管，见 Dardess, *Conquerors*, p. 47.

所表达的首要动机还是政治的和观念的。

其动机在这部大典第一个主体部分的序言中被披露，这个部分题为"帝号"。这个信息是按阶段发展的。它宣称，自秦开始，除元以外的所有王朝，都是以次等的、准合法的形式建立起来的。毫无疑问，汉、唐、宋都是伟大的时代，但它们都因其建立的形式而有其固有的弱点和不稳定性：

> 汉起亭长，则已微矣；唐启晋阳之谋，宋因陈桥之变，得国之故，其亦未尽善者乎。其余纷然，窃据一隅，妄立名字，以相侵夺，历年不多者，何足算哉！惟我圣朝则不然，圣祖之生，受命自天，肇基朔土，龙奋虎跃，豪杰云附，历艰难而志愈厉，处高远而气弥昌。神明协符，以圣继圣，至我太祖皇帝而大命彰，大号著，大位正矣。于是东征西伐，莫敢不庭……至于世祖皇帝，天经地纬，圣武神文，无敌于天下矣。……致四海之混一，若夫北庭回纥之部，白雪高丽之族，吐蕃河西之疆，天竺大理之境，蠡屯蚁集，俯伏内向，何可胜数。自古有国家者，未若我朝之盛大者矣。盖闻世祖皇帝，初易大蒙古之号而为大元也，以为昔之有国者，或以所起之地，或因所受之封，为不足法也。故谓之元焉。元也者，大

也，不足以尽之，而谓之大元者，大之至也。①

这前言到此为止集中于元朝的独一无二性和身份认同。先前诸中原王朝都微不足道。元朝的建立是世界诸民族响应蒙古圣祖的出现，龙奋虎跃、景从影附而建立起来的。

不过，在这一点上，这个序言中出现了一个十分重要的转折。在为元朝宣威之后，接下来就开始为图帖睦尔背叛也孙铁穆尔之皇太子阿剌吉八的暴乱辩护。于是，后者因"信用奸谋、违于祖训"，以致"天怒人怨"而遭谴责。这种严重的局面被图帖睦尔所勘定：

> 我今上皇帝，应天顺人，义师克捷。期月之间，正位凝命，而又克让明宗皇帝，出于至诚。凡属有生，莫不感悦，重居大宝，诞受尊号。②

由此可见，《经世大典》的首要职责之一就是保存支持其继位要求的图帖睦尔皇位继承的一种版本（说法）。在有关燕

---

① 《国朝文类》卷四〇《帝号》，3b—4b 页。
② 《国朝文类》卷四〇《帝号》，5a 页。

铁木儿与阿剌吉八的支持者在上都开战这一部分的序言中，可见虞集起草的宣布图帖睦尔首次登位之诏书的部分内容，其结论曰：

> 明诏既下，于是倒剌沙之罪暴于县宇，中外同心，奋勇敌忾，卒致乾坤清夷。……自八月甲申，今太师、中书右丞相燕帖木儿举义，至十月庚戌齐王臣鲁帖木儿奉上宝玺……

［"平定倒剌沙之乱"始于发生在1328年9月8日[①]至11月23日之间的右丞相燕帖木儿的正义行动……］[②]1328年9月8日是燕铁木儿掀起反对阿剌吉八的暴动和夺取大都宫廷的日子，[③]而11月23日则是倒剌沙囚禁于大都、帝国玉玺转入图帖睦尔手中的日子。[④]

---

① 文中表示日期的字"甲申"当为"甲午"之误，见《元史》卷三二，第704页。

② 《国朝文类》卷四〇《帝号》，5a页。在内战中，倒剌沙领导了阿剌吉八的支持者。《国朝文类》卷四一《平倒剌沙》，《四部丛刊初编》本第12册，38a页。

③ 《元史》卷三二，第704—705页；Dardess, *Conquerors*, pp. 38—39.

④ 《元史》卷三二，第716页。倒剌沙于11月癸未日（12月26日）被公开凌迟处死。《元史》卷三二，第721页。

图帖睦尔死后的辩护士

即便是图帖睦尔在位临朝的时候，皇位继承问题也远没有解决。他的长子和皇储阿剌忒答剌早逝于1332年。他的另一个儿子燕帖古思缺乏演一出成功登基剧所必需的支持。此外，由于一些不为人知的原因，图帖睦尔并不看好让燕帖古思继承皇位的主意。而和世㻋的两个儿子却都得到了实力派的支持。为了事先稳定皇位继承权，图帖睦尔设法为和世㻋的小儿子继承其皇位铺平道路。这样，当这位皇帝在1332年9月20日于上都驾崩时，六岁的懿璘质班成了主要的竞争者。七个星期之后，懿璘质班登上了皇位。

在那些事件中，虞集扮演了类似现存统治权的辩护者的角色。奉图帖睦尔之命，虞集草拟了一个诏令，旨在使和世㻋长子妥懽贴睦尔的继位抱负成为泡影，同时为懿璘质班入掌神器铺平道路。[①]遗憾的是虞集起草的这份诏令已不复存在。自然，妥懽贴睦尔是知道这个诏令和它的作者虞集的，很明显他没有原谅虞集在那些事件中的所作所为。[②]

---

① 《元史》卷一八一，第4180页。

② 1340年6月的诏令见《元史》卷四〇，第856—857页。在这份诏书中，妥懽贴睦尔谴责图帖睦尔试图剥夺他的遗产。他公开指责图帖睦尔造成了其父亲的死亡。

懿璘质班登基时，虞集撰即位诏。在这份诏令中，他继续了早先他帮忙为图帖睦尔继位之合法性辩护时所发展出来的辩护路线。在为从成吉思汗到硕德八剌的各位皇帝施祭祝祷，强调他们使"法度明著"的目标之后，他还写道：

> 我曲律皇帝入纂大统，修举庶政，动合成法，授大宝位于普颜笃皇帝以及格坚皇帝。历数之归，实当在我忽都笃皇帝、扎牙笃皇帝，而各播越辽远（也孙铁穆尔僭越位次、冒干宝位，否定了他们的合法继承权）……①

如是，这份诏令指责了也孙铁穆尔打乱了历数之归的皇位继承系统。他设想中的继承系统当然是海山一系是唯一合法的一支，尽管并没有提供令人信服的依据来证实这一理论。

或问是否真有"海山宗支"这样的定例呢？这是在非常受

---

① 关于海山和爱育黎拔力八达的蒙古庙号参见Francis W. Cleaves, "The Lingǰi of Aruγ of 1340", *HJAS*, 25 (1964—1965), p.41。关于硕德八剌的名字，参见1967年台北的《元史》排字版（国防研究院出版）的注释，IV，第48页。关于和世㻋的名字，参见Cleaves, "Fifteen Palace Poems", p. 435, n. 29。"历数"这个带"天命"意思的词出现于《书经》中。见李雅各（James Legge），*The Chinese Classics*, 5 vols. (rpt. Hong Kong: Hong Kong University Press, 1960), III, p. 61. 这里翻译的这个文本见《国朝文类》卷九《即位诏》，18a—18b页。

限制的意义上说的。没有任何宗支可以垄断皇位继承权，因为
"忽里勒台"的目的恰恰就是从那些有资格的人选中选出可汗
来。元朝建立者忽必烈汗的后裔是最关键的因素。除此之外，
没有任何有说服力的理由可以解释为何也孙铁穆尔一支没有图
帖睦尔一支来得更正统合法一些。也孙铁穆尔和海山都是经忽
必烈选定的继承者真金的直系后裔。蒙古人未能成功地替换掉
垂死的"忽里勒台"。图帖睦尔始则企图采用中原王朝的嫡系
继承法原则，把继承权转到他自己的支系，随后又强调"恢复
海山宗支"。但即使是汉族的嫡系继承原则也无法取消也孙铁
穆尔的皇位继承权。懿璘质班的登基诏同样代表了一种用汉族
王朝继承法来控制蒙古皇位继承冲突之结果的企图。紧接着诏
令明确声明：懿璘质班是和世㻋之"世嫡"，言外之意，则对
妥懽贴睦尔的出身表示了怀疑。[1]

　　1332年11月14日，懿璘质班驾崩，在位仅53天。[2]围绕

---

　　[1]　很多人相信这一所谓的非法性，尽管现代学者认为它是没有根
据的。参见魏青仿:《元顺帝为宋裔考》，重刊于周康燮编:《宋辽金元史论
集》，香港，1971年；余嘉锡:《四库提要辨证》，台北:《钦定四库全书总
目》，IX，第297—307页。(我感谢劳延煊告诉我余嘉锡的书。)
　　[2]《元史》卷一三八，第3333页说他的在位日期为43天，但按照懿
麟质班本纪(《元史》卷三七)中给出的日期计算，它应该是53天(或者
直到1332年12月14日)。

皇位继承又爆发了另一场复杂的权力争斗。[①] 当它最终尘埃落定，其结果对于虞集的官宦生涯来说是灾难性的，因为妥懽贴睦尔成了新可汗。妥懽贴睦尔于1333年7月19日登基，虞集作为朝廷名臣的生涯实际上也于此而结束了。当可汗巡狩上都度夏时，虞集受邀加入士大夫团随行，但虞集借故拒绝了。[②] 过后不久，他致仕返回江西，从此，他再也没有回到大都。在他最后的十六年中，虞集作为一个致仕的士人在帝国的汉人和汉化了的非汉人中间享有很高的声誉。

虞集和其供职朝廷的动机

1340年，妥懽贴睦尔诏除图帖睦尔庙主，以实施对他的报复。[③] 图帖睦尔曾剥夺了也孙铁穆尔享受汉族式的死后由其后裔献祭的资格，具有讽刺意义的是，他自己遭受了同样的命运。对于后世的蒙古人来说，图帖睦尔是一位僭夺者。

假如图帖睦尔并不比也孙铁穆尔更合正统，那么人们应该如何看待虞集参与图帖睦尔之道统战一事呢？由于虞集亦曾以

---

① 藤岛建树指出了图帖睦尔搞垮和世瓎对于王朝有害的影响，特别是妥懽贴睦尔对它们的感受，见《元顺帝和他的时代》，《大谷学报》，49，No. 4，1970年。

② 《元史》卷一八一，第4180页。

③ 《元史》卷三六，第806页。

明显的忠诚和坚定服务于图帖睦尔以前的所有的统治者们，故他在1328年断然背弃也孙铁穆尔选定的继承人显得有点奇怪。这表明他其实不关心皇位继承权问题本身。进而言之，为一位残害兄长、没有掌握权玺而干大位的人撰即位诏，并窜改妥懽贴睦尔的出身，这可以被视为是目空王朝继承法则的政治打手的行为。或者人们也可以这样看：无论哪个王子，只要他入掌了大宝，虞集就会自愿投入其怀抱，他的首要考虑是声望和报酬。

但是作另一种截然不同的解释也是可能的。登上元朝皇位者之成功和失败，主要取决于蒙古的军事和政治因素。虞集应该十分明白，皇位继承是他完全不能施加任何影响的事情。谁将成为可汗的问题是参照那些在他的影响之外的，甚或是在他的认识范围之外的因素而决定的。因此，他也可以这样认为：一旦皇位继承权确定下来，最聪明的做法是为之留下最好的时机去巩固皇位的稳定性。稳定本身是很有价值的，尤其是当否则就是内战的话。虞集对图帖睦尔和懿璘质班的有案可稽的支持都发生在皇位继承问题已经被蒙古人自己解决了之后。虞集或感觉到了倘使要生灵能够在和平中生存，那么让尽可能多的人接受这种决定是很关键的。皇位继承中的道德问题在虞集被邀参与这种政治过程时是不重要的。因此，他完全可以相信他的角色是适当的，而且是纯文墨的。貌似也可以这样说，虞集相信皇位继承中的德性，即使是当皇位的候嗣者被他们的对手谋杀了的时候，总的来说也是无关紧要的，而唯一剩下的重要性是这个故事能够被操控来服务于另一个道德目的，即合法化和巩固一个新的"现状"。对于图帖睦尔和懿璘质班来说，虞集的价值在于他的文才，这可以用来支撑他们不稳定的皇位正统继承权利，以及或许还能进而成为其稳定政治的机会。

至于懿璘质班，虞集是不知不觉地为一位可怜的皇嗣辩护。没有谁能逆料他竟会如此的短命。这样，虞集为懿璘质班创造一圈正统的光辉的努力白费了，这甚至也和蒙古人维持正常统治秩序的问题连结在一起了。妥懽贴睦尔登上帝位发生在半年多的宫廷骚乱之后，而他最初作为可汗的前几年一直是暴力和不稳定的时期。①

后代汉人史家批评了虞集对图帖睦尔争取汉式正统地位的运动所作的明显的极不诚实的支持。毕沅（1730—1797）在论及虞集的努力时说："此元人为文宗饰说也。"②毕沅赞同地引

---

① 对这些变化的研究见 Dardess, *Conquerors*, chaps. 4 and 5.
② 毕沅：《续资治通鉴》卷二〇四，中华书局，1958年，第5560页。

证的一位明代士大夫是丘濬（1420—1495）。丘濬清楚地看到，也孙铁穆尔是否是正统这件事是似是而非的，因为也孙铁穆尔不是皇族之外人。事实上，若以年长或出身作为皇位继承的决定性因素的话，那么，作为真金长子之子的也孙铁穆尔，与海山的任何后裔一样，如果不是更适合的话，也至少享有合法的皇位继承权。可是，元代中国的皇位继承不是按照"正常的"或者说是按照汉族式的皇位继承法则来决定的。继承可汗这一称号的法律基础是十分薄弱的。一位可汗驾崩触发了一场又一场争位战争。皇位候选人的数目因家族传承法则被限制在黄金家族成员之内，但在这受限制的范围内，选择其中一个而不是另一个反映的是权力的现实，而不是法律或者习俗。①

要考察虞集的动机，图帖睦尔理解汉文化相对较高的水准也相当重要。图帖睦尔精通汉文，甚至可用毛笔写得一手好字。就如有位学者推测的那样，图帖睦尔作为一位汉字书画的收藏家和鉴赏家（至少也是一个崇拜者），他或以宋徽宗为榜样。②图帖睦尔对汉文化的领会使他能够很好地运用汉族的政

---

① 参见 Rene Grousset（格鲁塞），*Empire of the Steppes*（《草原帝国》），Naomi Walford 译，New Brunswick, N.J.: Rutgers University Press, 1970, p. 320: "尽管占据了天子之位，他们依然是一个氏族，他们的成员在公共场合争吵，彼此抢夺权力，也彼此毁坏。"

② 吉川幸次郎：《全集》，XV，第260页。

治、文化象征符号，因此而赢得汉族士人，特别是大批供职于
奎章阁的南人的爱戴。[1]

　　虞集受知于图帖睦尔，图帖睦尔驾崩时，他作诗一首，
表达了强烈的情感联系。这诗难以精确地解释，但其大义是
很清楚的。这位可汗于1328年8月12日驾崩，4天后，送葬
的队伍离开上都向坐落在克鲁伦河流域的帝国传统墓地行
进，[2]虞集作"八月十五日伤感"一诗，全诗如下：

> 　　宫车晓送出神州，点点霜华入弊裘。
>
> 　　无复文章通紫禁，空余涕泪洒清秋。
>
> 　　苑中苜蓿烟光合，塞外葡萄露气浮。[3]
>
> 　　最忆御前催草诏，承恩回首几星周。[4]

---

　　① 这一点被吉川幸次郎指出，见《全集》，XV，第259页。
　　②《元史》卷三六，第806页。关于起辇谷这个名字参见箭内亘：《蒙
古史研究》，东京：弘文堂，1930年，第751页，注1。他把它定位在成吉
思汗的最主要的斡儿都。也见驹井善成：《关于起辇谷》，《东洋史研究》6
No. 2，1941，123—129。
　　③ "苜蓿"（一种牧草）和"葡萄"是草原文化的共同象征。例如，
王维：《送刘司直赴安西》，杨中讷等编：《全唐诗》（1707年），王维诗2：
5b，第3联。
　　④《道园学古录》卷三《八月十五日伤感》，17a页。

虞集那种怅然若失的感觉是显而易见的；他的领悟，即尽管图帖睦尔对汉族文明高度认同，可这位可汗最终与其他蒙古统治者没有任何不同，使他的感觉更为辛酸。按蒙古旧俗，图帖睦尔的尸体被送出了"文明之邦"，即中原汉地，将"送至其直北园寝之地深埋之，则用万马蹴平。"[①] 最终，以适于马群生长的草地和来自极外的葡萄为标志的，那种任性和不可预测的蒙古游牧文化的特征，并没有因与文明之邦的居民的接触而发生改变。

当图帖睦尔的遗体被送出中原之时，虞集感觉到他的仕途结束了。他一定很清楚自己已经在图帖睦尔华而不实的合法性要求上下了很重的投资，知道他冒了将来会受累于此的风险。我们已经看到他仍企图在懿璘质班身上继续他的这种努力，遗憾的是，这些努力全因虞集试图阻止继位的妥懽贴睦尔的上位的失败而化为泡影。

在一个有限的意义上说，虞集为在蒙元帝国中心取得强化了的稳定的种种努力并没有取得成功，皇位继承并没有变得更有规则；但在一个较大的参照系内，人们或可以在妥懽贴睦

---

① 这段对蒙古头领的葬仪的描写根据的是（明初）叶子奇《草木子》，箭内亘：《蒙古史研究》，第751页引用和讨论了这段记载。

尔统治时期看到他的努力的一些成果。当1340年图帖睦尔遭受贬损时，他所钟爱的奎章阁并没有被废弃。相反，它被重新命名和整修。此外，它的新名字保持了旧意，因为它被改称为"宣文阁"。[1]虞集为此而付出了如此辛勤的劳动的政府的那层儒学面貌，在那位他曾尽力要将其排斥于皇位继承之外的皇帝的统治下的1340年代变得十分炫目。虞集的很多同僚和弟子，诸如欧阳玄，继续了虞集的抱负，充当了可汗们的汉族文明的传播者。

也许，对虞集来说，蒙古统治者的真实本性并不是关键的，不管是从智力，还是从道德而言。相反，引起他最深切的关注的或就是帝国统治区内之汉族臣民可见得到的那个君主国的外观。以这样的方式，他为保证汉人对这个政权的持续的支持作出了自己的贡献。贯穿其整个的官宦生涯，虞集都在努力改善和精致化以科举制度、发布官方公告、经筵和包括奎章阁在内的学士院等为象征的元王朝的"儒学的"面孔，因此而帮助了这个王朝持续地覆盖在一件华夏正统的外衣之中。

用这样的方式，虞集为他自己在蒙古人统治下供职作了合

---

① 关于"宣文阁"和它与"奎章阁"的关系，参见陶宗仪：《辍耕录》卷二，第44—45页；《元史》卷四〇，第860页。

理的辩护，但人们一定会问：王朝治下的汉族臣民是否获得了任何根本的利益呢？大都政府的儒学面孔的精致化在蒙古统治中除了短期的稳定以外果真还引发了任何实质性的改善吗？要回答这些问题，人们不能排除可能在虞集和其他与他相类似的人的活动中流动的心理上的获益。它使许多汉人消除疑虑，知道蒙古人在朝廷支持"儒学的"追求。具体来说，朝廷对儒学机构的公开支持或鼓励了那些出身中亚的非汉人——比他们不然会变成的那样——变得更像汉人，更能理解汉族文化。由于这个很小的蒙古民族在政府中受到了很多中亚人（色目人）的帮助，他们中有很多人是穆斯林，帝国公开地对儒学的赞赏或鼓励了他们有时站到汉人一边。这一定给蒙古统治下的汉人臣民带来了实质性的利益。

但是，难道说虞集在蒙古统治下的官宦生涯的本质和总体只是装潢和假象吗？蒙古在中国的统治是各种制度和族群的一个复杂的混合物。要说蒙古的统治依靠的是军事上的绝对优势，那么，元朝的正当性（合法性）则依靠政治的、观念的和宗教的因素。虞集帮助开发的，存在于汉人精英传统之中有关合法性的观念上的和政治上的资源，具有他们自己的功效。就此而论，那么，将图帖睦尔和其他蒙古君主偶尔支持的蒙古统治中的"儒学"或者"汉人"成分简单地描述成为这个整体的部分应该更好。自然，最能与这些因素认同的无疑是在中原的元朝精英臣民。他们的存在这个事实证明蒙古人并没有已经"汉化"了，因为从整体上来看，后者并没有因与汉文化的接触而相应地发生了很多的改变。在元代中国的蒙古政府中一些显著的儒学特征的存在，更多的是表明蒙古人有能力，也有这个意愿去利用它们来加强他们在中国的统治。若没有一批伟大的士大夫们的帮助，他们根本就无法做到这一点，而虞集仅仅是这些士大夫中的一个典型。这些帮助蒙古人在其统治制度中创立和维持儒学成分的士大夫们，使这个政权中的汉人臣民有可能响应蒙古统治，即把它看作仅仅是传统统治的不间断的历史进程中的一步。但是，这种合法化的功效只有当蒙古人拥有足够的力量维持最低水准的和平与秩序的条件下才起作用。只要还有足够的和平可以允许朝觐"徂徕之松，新甫之柏"时，汉人才会继续在蒙古统治下看到名副其实的利益。